# 휴머노이드, 유토피아인가 디스토피아인가

## 인공지능총서

인공지능 시대입니다. 기계가 인간의 인지를 대신하고, 사물이 인간을 통하지 않고 다른 사물과 직접 커뮤니케이션합니다. 이에 따른 인간 삶과 문명 변화를 정확히 이해 · 예측 · 대응하는 것은 이 시대 우리 모두의 과제입니다. 인공지능총서는 인공지능 기술과 환경의 여러 주제를 10가지 키워드로 정리합니다. 관련 개념과 이론, 학계와 산업계의 쟁점, 우리 일상의 변화를 다룹니다. 인간과 기술의 현재, 미래를 세심히 분석합니다.

## 일러두기

- 인명, 작품명, 저서명, 개념어 등은 한글과 함께 괄호 안에 해당 국가의 원어를 병기했습니다.
- 외래어 표기는 현행 어문규정의 외래어표기법을 따랐습니다.

처음이세요?

전문가세요?

# 휴머노이드, 유토피아인가 디스토피아인가

김광연

대한민국, 서울, 커뮤니케이션북스, 2025

# 휴머노이드, 유토피아인가 디스토피아인가

지은이 김광연
펴낸이 박영률

초판 1쇄 펴낸날 2025년 10월 1일

커뮤니케이션북스(주)
출판 등록 2007년 8월 17일 제313-2007-000166호
02880 서울시 성북구 성북로 5-11
전화(02) 7474 001, 팩스(02) 736 5047
commbooks@commbooks.com
www.commbooks.com



ISBN 979-11-430-1318-7 03500

책값은 뒤표지에 표시되어 있습니다.

# 차례

## AI 기술의 현주소

과학자들은 인류의 편리함을 목적으로 제조업 생산 공정에서 사용될 로봇을 만들었다. 1952년 미국의 MIT에서 처음 로봇이 등장하고, 1962년 GM사에서는 로봇들이 생산 라인에 투입되어 그 활약상을 보여 주었다.

이어서 1986년에는 일본에서 처음으로 휴머노이드(humanoid) 로봇이 등장했다. 이후 2016년에 로봇 기술의 놀라운 발전 속도로 인공 신체를 가지고 인간과 흡사한 휴머노이드 로봇 소피아(sophia)가 언론에서 조명을 받기 시작했다. 소피아는 사람들과 거리낌 없이 대화하는 모습을 전 세계 사람들에게 보여 주었다.

얼마 전 독일에서는 인공지능 로봇이 사람을 해치는 사고가 일어났다. 이런 사고 발생 시 책임을 누구에게 물을지에 대한 논의가 미비한 상태에서 법적인 제도는 따라가지 못하고 있다. 게다가 휴머노이드 기술은 단순히 법적인 문제만을 가져오지는 않을 것 같다.

최근 들어 생성형 AI 기술은 교육 현장에서 일어나는 변화들에 대해 이목을 집중시키고 있다. 학생들은 생성형 AI 기술 즉 ChatGPT 기술로 과제를 대신 제출하고, 직장인들은 이 기술로 각종 서류 업무와 보고서 그리고 PPT 자료를 제작하는 데 사용하고 있다.

현대 사회는 말 그대로 AI 블랙홀에 빠져서 헤어 나오지 못하는 것처럼 보인다. 산업체와 기업들은 AI 기술에 투자를 아끼지 않고 있고, 정부는 AI 산업 육성에 올인하는 분위기다. 이처럼 인류의 미래에 AI 기술이 청사진을 밝힐지 회색빛이 되어 인류에게 재앙을 초래할지 두고 볼 일이다.

지금 기술 발달의 추세로 본다면, 인공지능 로봇은 충분히 자기 의지로 선과 악한 행위를 할 수 있는 윤리적 주체가 될 가능성이 다분하다. 뿐만 아니라 앞으로 이들이 사람처럼 생각하고, 자유의지를 가질 수 있다면, 휴머노이드들이 '사람인지 기계인지' 고민해야 할 시간이 인류 공동체의 과제로 남게 될 것이다.

## 1997 〈가타카〉 그리고 2004 〈아이, 로봇〉

2004년에 개봉된 영화 〈아이, 로봇(I, Robot)〉은 휴머노이드를 다룬다. 경찰로 등장한 주인공 윌 스미스(델 스퍼너)는 휴머노이드와 공존을 추구하는 사회를 비판하는 유일한 사람이다. 영화 속에 보이는 사회는 휴머노이드와 함께 살아가는 인류와 그들과의 공존을 묘사하고 있다. 휴머노이드 로봇들은 집안일을 돕는다. 직장인이 서류를 빠뜨리고 출근했을 때, 휴머노이드는 직접 회사까지 찾아가 서류를 가져다주는 것은 너무 일상적이다.

영화는 휴머노이드와의 공존이 전혀 해롭지 않은 사회를 이야기하지만, 유독 윌 스미스는 그들의 존재를 인정하지 않았다. 그의 불신은 영화에서 현실이 되었다. 결국 휴머노이드 로봇들이 스스로 생각하는 자유의지를 가지게 되면서 인류를 공포로 몰아넣게 된다. 그러나 주인공 덕택으로 인류 공동체는 휴머노이드가 사람들을 지배하게 되는 사회를 막아내게 된다. 영화는 희극으로 마무리되었다.

그렇다면 영화에서 주인공 윌 스미스가 휴머노이드를 신뢰하지 못한 이유는 무엇인가? 주인공과 여자 아이가 동시에 물에 빠져 자동차에 갇혀 있었는데 로봇은 창문을 부수고 어린 아이를 구하지 않고 생존 가능 확률이 높은 형사를 구한다. 주인공 스퍼너는 자신이 살아남았다는 죄책감과 휴머노이드 로봇의 선택에 따른 결과를 잊지 못하고 트라우마에서 벗어나지 못했다.

만약 당시 구조에 투입된 로봇 대신 대원이 사람이었다면, 형사 자신과 아이 중 누구를 먼저 구했을지 생각을 던져주는 장면이 등장한다. 영화 속 주인공 스퍼너는 여자 아이 먼저 구하라고 휴머노이드 로봇에게 말했지만, 생존 확률을 따진 로봇은 그의 말을 듣지 않았다. 스퍼너가 휴머노이드를 신뢰하지 못하는 이유가 여기에서 발견된다.

머지않아 우리는 휴머노이드와의 공존을 준비해야 한다. 그리고 그들과의 삶에 나타나는 윤리적 딜레마에 빠져들 수도 있다. 물론 이런 기술의 실현에 대해 회의적인 의견도 없지 않다. 하지만 영화의 시대 속 2035년에 이런 사회가 오지 말라는 이유와 근거가 현대 사회에서는 전혀 찾아볼 수 없다.

1997년 개봉된 〈가타카(Gattaca)〉는 우리에게 공상 영화의 실현 가능성을 말해주고 있다. 〈가타카〉는 유전자를 편집하여 우수한 유전자만 선별하는 기술을 다룬다. 영화 속에서는 '맞춤 아기' 다시 말해 부모들이 우수한 유전자만을 선별하여 아이를 가질 수 있는 기술을 보여주고 있다. 영화는 소위 '디자이너 베이비(designer baby)'라는 기술이 상용화된 사회를 그리고 있다.

당시 〈가타카〉가 개봉될 때, 관객을 비롯해서 많은 사람들이 느끼기에 영화 속 생명 공학 기술은 현실과 너무 동떨어져 있었다. 맞춤 아기 기술은 실현 불가능하고 단지 영화 속 공상 과학의 영역으로만 남아 있었다. 그러나 대략 17년이 지난 2015년에 영국에서는 치료 목적으로 유전자를 편집할 수 있는 기술을 선보였다.

그 이후 세계 각국의 생명공학 연구소에서는 유전자 검사를 통해 뛰어난 지능을 가진 배아를 선별하여 슈퍼 유전자를 가진 아이를 태어나게 하는 기술들이 보도되면서, 인류는 〈가타카〉의 재현에 놀라움을 감추지 못했다. 1997년에 머물러 있는 〈가타카〉 영화 속 기술이 단지 스크린 속에만 등장하는 공상 과학이 아니라 이제는 현실이 된 것이다.

마찬가지로 휴머노이드 로봇들을 다루는 〈아이, 로봇〉은 2035년을 시대적 배경으로 한다. 지금(2025년)으로부터 10년 뒤인 2035년에는 휴머노이드 로봇들이 사회의 구성원이 되어 인류와 함께 미래를 설계해 나갈 일이 머지않아 보인다.

1997년 개봉된 〈가타카〉에서 본 것처럼 그 영화 속 맞춤 아기 기술은 17년이 지나 공상에서 현실로 나타났다. 마찬가지로 2004년에 개봉된 〈아이, 로봇〉의 휴머노이드 로봇들은 가까운 미래에 현실이 되어 있을 것이다. 〈가타카〉는 인류에게 단순히 공상 과학 영화로 그치지 않았다는 것을 보여주었다.

앞으로 10년 뒤, 2035년에 영화 속 주인공 윌 스미스처럼 누군가가 미래의 휴머노이드 세계에서 인류를 구할 수 있는 주인공이 등장할지는 미지수다. 만약 영화에서처럼 휴머노이드의 위협으로부터 구해 줄 히어로(hero)가 등장하지 않는다면 인류의 미래는 어떻게 될 것인가?

## 긍정적 예측과 부정적 예측의 경계선

한스 요나스(H. Jonas)는 과학 기술 시대에 그 기술의 위험성에 대해 말한다. 그는 '첨단 기술의 변증법'에 대해 설명하고 있다. 우리가 지금 추구하는 기술이 한편으로는 축복받은 기술이지만, 그 이면에는 우리의 지나친 의존도로 인해 인류에게 재앙을 초래할 수 있다는 것이다. 축복받은 기술에 재앙이 뒤따를 수 있다는 동전의 양면성을 가진 첨단기술의 변증법은 인류에게 남겨진 기술의 윤리적 과제를 약속한 듯 보여준다.

요나스는 인류에게 혜택을 가져다주는 과학 기술이 축복일 수 있지만, 동시에 그 기술이 던져주는 재앙 즉 부정적 예측은 더욱 우려할 만한 상황들을 초래할 수 있다고 말한다.

무엇보다 그는 오늘날 과학 기술은 생명공학 기술이

나 AI 기술이 인류의 존재론적 물음과 직접적인 연관이 있기 때문에 더더욱 인류는 긍정적 예측보다는 부정적 예측의 우선성을 중요하게 생각해야 한다고 말한다. 다시 말해 TV나 냉장고, 스마트폰을 개발하는 기술의 발달과 동물 실험은 인류의 존재론적 물음과 관련성이 적다. 이들의 실험은 인간의 도덕적 지위와의 관련성 그리고 인간과 그들 존재들과의 경계선에서 나타나는 윤리적 문제와는 무관하게 제기되는 실험들이다. 하지만 AI와 생명공학 기술이 다루는 실험, 예를 들자면 휴머노이드 기술과 유전자 편집 기술 등은 인간의 지위, 존재론적 물음, 인간 생명과 기계의 흐릿해지는 경계선과 같은 윤리적 문제와 연결되어 있어서 이 기술들에 대한 윤리적 질문은 전혀 다른 차원으로 접근되어야 한다.

과학 기술의 발달이 인류의 편리와 복지를 위해 사용되는 것은 전혀 무리가 없다. 하지만 기술이 인류의 존재론적 물음이나 도덕적 지위 그리고 생명의 가치들과 관련된 예민한 질문들이 제기된다면, 인류는 기술에 대한 우려에 대해 윤리적 성찰이 선행되어야 한다.

## 유토피아와 디스토피아의 경계선

AI 기술의 편리함과 경제적 이윤이 최우선적으로 고려

될 때, 국가와 사회 전반에 AI가 모든 이목을 집중시키는 것은 그리 놀랄 일은 아니다. AI 기술은 미래의 인류 사회에 유토피아인가 디스토피아인가? 앞서 요나스가 말했듯이, AI 기술에는 양면성 즉 긍정의 예측과 부정의 예측이 존재하는데 이들 사이에서 부정적 예측의 우선성이 선행되어야 한다.

요나스는 과학 기술을 쟁기로 비유한다. 잘 다듬은 쟁기는 편리하지만, 너무 날카롭게 다듬게 되면 손이 베일 수 있다고 말한다. 인류의 지나친 기술에 대한 맹목적 신뢰와 기술이 가져다주는 이윤에 따른 공리를 추구하는 것은 유토피아가 아닌 디스토피아의 세계로 나아가는 문을 활짝 열게 될지도 모른다.

이 책은 AI 시대에 제기되는 인간학적 질문과 윤리적 성찰을 이야기한다. 또 고대에서 현대에 이르는 철학자들이 말한 인간에게만 내재한 '고유성'을 보여준다. '휴머노이드가 사람인지 기계인지' 고민하는 시대에 이 책은 '오직 인간만이' 가질 수 있는 내적 본성과 공통감을 살피고 있다. 또한 고대 그리스의 자연 철학을 시작으로 아리스토텔레스의 목적론, 플라톤의 이데아, 칸트의 공통감과 인간미, 들뢰즈의 기관 없는 신체, 흄의 상상력의 한계 그리고 하버마스와 샌델의 생각을 담았다.

고대 철학자 플라톤은 인간만이 추구할 수 있는 가치 실재론과 이데아의 세계를 설명하고 있다. 그리고 근대에 들어서 칸트는 인간만이 가질 수 있는 공통감을 제시하고 있다. 사물을 인식하는 과정에서 인간의 내적인 감각은 다른 어떤 종(種)이나 학습된 AI는 결코 가질 수 없는 유일한 인간의 내적 전유물이다. 칸트는 인간이 가진 공통감은 알고리즘이나 후천적 학습에 의해 생성될 수 있는 것이 아니기 때문에 AI나 휴머노이드 로봇들은 이를 가질 수 없고, 오직 인간만이 '선험적으로' 가질 수 있는 고유한 본성이라고 말한다.

근대를 마무리하고 이 책에서 현대까지 다양한 사상가들의 생각을 담았다. 들뢰즈는 기관 없는 몸이 가진 한계를 지적하고, 오직 인간만이 상상과 그 한계를 극복해 나가는 흄의 이야기도 나온다. 끝으로 하버마스와 샌델은 인류 공동체가 AI와 과학 기술의 편리성만을 고려한다면, 인류 공동체에서 삶의 균형이 상실되고, 인간의 자기 이해가 무너질 것이라고 말한다.

책을 마무리하면서 각 장의 글들은 참고문헌 상단에 표시된 저자의 논문 일부를 가져와 편집 및 재 수정하였다. 저자의 논문 표시를 별도로 글 속에 포함된 참고문헌들도 함께 표시했다. 무엇보다 연구에 전념할 수 있도록 늘 배려해 주시는 숭실대 철학과 교수님들께 감사드린다. 끝으로 부족한 원고를 책으로 다듬어 주신 커뮤니케이션 박서희, 백지윤 선생님과 편집부에게 고마움을 전한다.

## 참고문헌

서울경제(2025.8.13.). ""똑똑한 아기가 갖고 싶어요" … 이제 7000만원 내고 '맞춤형 아기' 갖는다". https://www.sedaily.com/NewsView/2GWM0PAW9J

YTN(2015.2.4). "영국 '세 부모법' 통과… '맞춤형 아기' 논란". https://m.science.ytn.co.kr/program/view.php?mcd=0082&key=201502041133286283

Jonas, H.(1987). *Technik, Medizin und Ethik*. 이유택 옮김(2005). 《기술, 의학, 윤리》. 솔출판사.

01
# 호모 파버와 휴머노이드

호모 파버(Homo faber), 도구를 사용한 인류는 마침내 휴머노이드 기술을 만들었다. 인류가 만들어 낸 기계 로봇, 휴머노이드들은 마치 '인간과 흡사한 존재'가 되고 있다. 앞으로 우리는 그들을 '인간인지 기계인지' 구분해야 할 시간을 기다려야 할지도 모른다. 호모 파버가 만들어 낸 휴머노이드의 진화와 그 발전 속도를 추적한다.

기후 위기와 인공지능?

## 호머 파버와 제2의 신체

프랑스 일간지 르몽드에 나온 기사에서는 '로봇들은 미래 어느 날 권리를 얻게 될 것인가'라는 내용이 소개되었다. 이 기사는 앞으로 AI 시대에 로봇들이 권리를 인정받을 법이 생겨날지에 대해 다루었다. 미래의 어느 순간 생체공학 기술과 AI 기술의 등장으로 휴머노이드들이 인간으로 대우받을 시대를 만들어 갈 것이라는 추측성 기사들이 쏟아지고 있다.

AI 시대에 우리가 주목할 것은 제2의 신체를 가진 존재들이다. 이들은 '프로스테시스(prosthesis)'라고도 불린다. 이 존재들은 사람의 몸과 기계로 구성된 인공 장치로도 사용되고 있다. 프로스테시스는 신체의 일부가 손상될 경우, 그 신체를 대신하는 인공 장치를 말한다. 이들 장치는 의족이나 인공 신장 그리고 인공 심폐 장치 등으로 사용된다. 현재 환자들에게 인공 심장과 같이 몸 안에 장기를 대신하는 인공 장치들도 모두 여기에 해당된다.

현대 사회에서 생명공학 기술을 넘어 전자 및 정보 기술의 발전으로 인해 인간의 장애를 극복하는 다양한 의료 장치들이 등장하고 있다. 윌리엄 도벨(W. Dobelle)은 입력된 영상 정보를 전기 자극으로 변경하여 시각 중추에 전달하는 전자형 눈(eye)을 개발하였다. 이 기술로 인해 시신경이 불편한 환자들이 사물을 볼 수 있게 되었다. 미국 듀크 대학의 미구엘 니콜레스(Miguel Nicoleis) 교수는 원숭이의 두뇌에서 발생되는 신호를 자극하여 이를 해석하고 다시 원격으로 멀리 떨어진 로봇 팔을 조작하는 데 성공했다. 이 기술은 앞으로 신체 마비 등의 환자들에게 적극 활용될 전망이다. 환자들은 두뇌의 뇌파를 자극해서 인공 로봇 팔과 다리를 작동시켜 신체의 불편함을 해소함으로써 정상적인 생활이 가능해질 것으로 보인다. 가까운 미래에는 프로스테시스와 같은 기계 장치들이 인간의 삶을 새롭게 재편할 전망이다.

'호모 파버'는 도구를 사용하여 제작하는 인간, 즉 도구적 인간을 말한다. 인간이 다른 종(種)들과 구별되는 가장 큰 특징 중 하나가 도구적 존재로서의 모습이다. 물론 일부 동물들도 도구를 사용한다. 하지만 극히 제한적으로 도구를 활용하고, 그 도구를 계속 발전시켜 나가는 종(種)은 오직 인간뿐이다. 호모 파버로서의 인간은 도구의 확장을 무한정 늘려가는 존재다.

기술적인 목적에서 도구를 사용하는 인간과 구분되는 새로운 기계 곧 AI는 다른 확장으로 이어진다. 인간의 몸 바깥에 존재해 왔던 도구는 인간의 몸으로 들어오기 시작한다. 인간과 구분된 하나의 대상이나 도구로서의 역할을 했던 기계들은 인간의 신체와 일치되고 있다. 이들은 인간의 신체와 '이음매 없는(seamless)' 존재가 되고, 인간의 신체와 하나가 되는 '제2의 신체'가 된다.

인간의 몸과 기계가 결합되는 과정에서 눈에 띄는 것은 '인간-컴퓨터의 인터페이스'에 관한 연구다. 미국 웨이크포레스트 대학교 연구팀과 서던캘리포니아 대학교가 공동으로 인간의 두뇌에서 발생되는 메모리를 복제하여 생산할 수 있는 칩을 개발했다. 이후 이 칩을 사람의 머리에 다시 내장시켜 기억을 되살리거나 없애는 형태의 기술이 연구 중에 있다. 부연 설명하자면, 이 기술은 잊어버린 과거의 기억을 되돌릴 수 있게 구현하는 것이다.

기술 발달은 여기에서 그치지 않는다. 인간 생체 구조를 바꿀 수 있는 슈퍼 지능 기술이 등장했다. 슈퍼 지능은 말 그대로 인간의 지능을 뛰어 넘는 기술이다. 이것은 사람의 기억이나 암기 속도를 능가하고 더욱 영리한 신경망을 가진다. 더욱 넓은 형태의 스펙트럼을 가진 구조로 재구성되는 신경망은 새로운 형태의 세계를 구현해갈 전망이다.

AI 시대의 공학 기술들은 기존 인간 종(種)의 세계에서 한 걸음 나아가 인간 그리고 기계 사이의 경계를 흐리게 만든다. 전통적으로 인간 존재의 고유성, 즉 '생각하는 존재'로서의 인간, 그리고 생각하는 자아는 인간의 특징 중 가장 중요시 되는 영역이었다. 하지만 점차 생각하는 기계의 현실화는 인간의 고유한 특성을 흐려지게 하고 있다. 생각하는 기계의 등장은 휴머노이드의 출현을 더욱 앞당길 것으로 예상된다. 로봇과 인간, 이 둘의 종(種) 차이가 좁혀진다면 어떻게 될까?

## 사이보그, 사이버네틱스와 유기체

1952년 미국의 MIT에서 처음으로 숫자를 계산하는 로봇이 등장한 이후, 1962년 GM사는 로봇을 생산라인에 투입시켰다. 1986년에는 일본이 처음으로 '인간의 모습'을 닮은 로봇을 생산하기 시작한 이후, 2000년에 아시모(Asimo)라는 인간과 흡사한 로봇이 나타났다.

기술 발전으로 인해 로봇의 몸동작은 더욱 선명하고, 사람 손가락의 섬세함을 능가할 정도로 예민해지고, 디자인 기술까지 거듭 발전하면서 기존 기계의 딱딱함은 뛰어넘게 되었다. 이 기술은 사람의 손으로 물건을 만들 수 있는 분절 능력까지 모방하면서 얇은 물체까지 잡을 수 있게 되었다. 인류의 상상력은 해를 거듭할수록 진화하면서 2016년에는 바둑 천재라 불리는 이세돌과 인공지능 로봇 알파고(Alpha GO)의 대결이 전 세계에 이목을 집중시켰다. 결과는 로봇의 승리로 끝났다.

현재 선보이는 사이보그(cyborg) 기술은 그 어원에서부터 남다르다. 사이보그는 자동 제어 장치를 의미하는 '사이버네틱스(cybernetics)'와 살아있는 유기적 존재인 '유기체(organism)'의 결합으로 탄생되었다. 이 말은 1960년대 맨프레드 클라인스(Manfred E. Clynes)와 나단 클라인(Nathan S. Kline)에 의해 처음 사용되었다. 사이보그의 협소한 의미는 기계와 유기적 존재와의 합성체 또는 사람이 몸 안에 있는 유기체와의 매개된 형태를 말한다.

오늘날 AI 기술은 사회 전반에 걸쳐 그 기술의 활용도가 점점 보편화하면서 고도화되는 실정이다. 무엇보다 교육 현장에서는 ChatGPT와 같은 생성형 AI 기술이 등장하여 학습자들에게 과제나 자료 검색 등 교육 전반에 많은 도움을 주고 있다. 물론 학습 도구로서 도움을 주는 것 외에도 학습자의 창의적인 영역까지 접근하고 있어서 학습자의 교육에 방해가 되는 문제가 제기되고 있다. 직장인들은 생성형 AI 기술로 각종 보고서나 제안서를 만들어서 활용하고 있다. 인류의 미래, AI가 없는 세상은 어떻게 될지 궁금해진다.

## 참고문헌

연합뉴스(2017.8.5). "인공지능 로봇이 잘못 저지르면 누구 책임? … 법무부 연구".

https://www.yna.co.kr/view/AKR20170804140500004

Niku, S. B.(2011). *Introduction to Robotics*. Wiley & Sons.

## 02
## 아리스토텔레스의 목적론과 휴머니즘의 붕괴

자연의 가치를 소중히 생각했던 전통적인 세계관에서 벗어나 인류는 그 자연의 가치를 훼손하고 자연을 도구로 삼고 있다. 그것도 모자라 인류는 '인간이 최고'라는 휴머니즘적 세계관을 선보인다. 인간 중심적 세계에서 인류는 기계에 대한 의존도를 높여가며 결국 휴머노이드와 같은 존재를 만들어서 대전환의 세기를 구축하고 있다. AI 시대에 아리스토텔레스의 목적론의 함의와 휴머니즘의 붕괴를 살펴본다.

노래하는 AI 보컬?

## 자연 중심주의, 목적론적 세계관

고대 철학자들에게서 목적론적 세계관이 유행처럼 번지기 시작했다. 그들에게서 자연의 다양한 현상들은 심층적이고 아주 신비한 영역이었다. 다시 말해 과학적인 이해가 전혀 없던 그 시절, 자연의 여러 현상들은 신비 그 자체였다. 푸른 하늘, 무수히 빛나는 별들 그리고 갑자기 어두워져 천둥과 번개가 하늘에서 번갈아 가며 울리기 시작한다. 그 번개는 엄청난 속도와 빛으로 땅의 지면에 나무를 뿌리째 뽑았다. 이처럼 고대 철학자들에게 자연은 미지의 영역이었고, 그것은 나름의 목적이 있다고 생각했다. 그래서 등장한 사상이 목적론적 세계관이다.

당시 이들에게 자연은 심오하지만 동시에 탐구의 대상이었다. 그래서 이들은 자연을 탐구하는 철학자, '자연철학자'들이라고도 불리었다. 그들의 관심사는 말 그대로 눈에 보이는 공기, 물, 흙 그리고 타오르는 불이었다. 이들의 관심은 아리스토텔레스에게 옮겨진다.

아리스토텔레스(Aristoteles)는 고대 세계관을 '목적론(Teleology)'으로 해석했다. 그는 자연과 인간의 모든 삶의 양태는 목적이 있는 방향성으로 흘러간다고 했다. 사람들의 행위는 어떤 목표가 있어서 나아간다고 보고, 자연의 순행도 각각의 목적이 존재한다고 본 것이다. 그는 모든 행위들은 나름의 목적을 가지고 운동한다고 보았다. 아리스토텔레스는 이러한 목적을 외재적이고 내재적인 것으로 나누어서 설명한다. 운동을 시키는 주체가 바깥에 있으면 그것은 '외재적 목적론'이고, 자연처럼 그 자체로서 순환하는 하나의 원리를 '내재적 목적론'이라고 말했다.

무엇보다 아리스토텔레스는 내재적 목적론으로서의 자연에 대해 주목했다. 자연은 스스로 순환하면서 생태계를 이어간다. 우리나라의 경우 사계절이 뚜렷하다. 물론 요즘같이 기후 온난화로 인해 봄과 가을의 기간이 짧아진 것은 사실이지만 여전히 사계절이 존재한다. 이러한 사계절 즉 봄, 여름, 가을 그리고 칼바람이 부는 겨울은 자연 스스로가 운행하는 것이다. 자연은 이처럼 자신만의 고유한 목적을 가지고 있고, 그 어떤 목적을 위해서 개체들 즉 각각의 부분들이 조화를 이루며 또한 이들은 동시에 자연 전체를 구성해 나가는 것 즉 '합목적성'을 이룬다.

고대 그리스 시대에 아리스토텔레스의 목적론은 인간의 삶에 많은 부분 영향을 주었다. 하늘에서 천둥이 치고 비가 내리는 현상은 가뭄으로 바짝 마른 땅에 촉촉한 물을 주기 위한 목적을 위해 운행된 것이다. 자연 현상 그 자체는 많은 생명을 살리는 본래적인 목적을 가지고 있다. 나무는 하늘에서 내리는 비를 먹고 마시면서 수많은 새들의 안식처를 제공한다. 비가 내린 뒤, 웅덩이에 고인 물속에 살아가는 미생물과 물고기는 서로 공생하면서 나름의 생태계를 이룬다. 나무와 물고기 모두는 하늘에서 떨어지는 비에 의존하면서 살아갔다. 자연은 거대한 생명 하나하나에 영향을 주는 내재적인 목적을 가지고 있었다. 하지만 근대 이후, 과학 기술의 발달은 자연에 대한 인간의 태도에 많은 영향을 미쳤다. 자연을 바라보는 시선이 달라지고, 자연은 내재적 목적을 가진 '주체'라기보다는 자연은 인간에게 하나의 '객체'가 되었다.

## 코페르니쿠스적 전회(1), 인간 중심주의

코페르니쿠스(N. Copernicus)는 〈천구의 회전에 관하여〉에서 태양이 우주의 중심이라고 말한다. 그동안 지구가 중심이었다는 학설과 달리, 그는 지구가 자전과 공전을 반복하고 있다는 패러다임의 변화를 제시했다. 코페르니쿠스적 전회란, 급격한 변화 즉 패러다임의 놀라운 변화를 일컫는다. 흔히 오늘날 사용되는 '대전환' 시대를 달리 표현한 말이다. 고대 아리스토텔레스의 목적론적 세계관과 그러한 해석들은 근대에 접어들어 대전환을 맞이하게 된다. 인간 이성의 발달 그리고 과학 시대의 놀라운 발전으로 인해 근대의 세계관은 자연에 대한 이해들이 목적론적으로 해석되는 시대를 거부했다.

근대 이전, 인간은 신비한 자연의 현상들 그리고 합목적성을 지닌 자연의 순환을 지켜보고 있었다. 자연 그 자체는 두려운 존재였다. 바다의 거대한 풍랑이 일어서 순식간에 모든 것을 집어 삼키는 현상은 두려움 그 자체였다. 하지만 과학 기술의 발달로 인간은 자연을 목적론적으로 해석하게 가만히 내버려 두지 않았다. 과학은 하늘에서 비가 내리는 현상을 달리 해석했다. 천둥과 번개가 치고, 바다의 풍랑이 몰아치는 것을 이젠 과학적으로 설명하고, 이 현상을 미리 준비하는 예측 시스템까지 만들었다.

자연은 인간에게 무수히 많은 혜택을 주는 동시에 많은 것을 순식간에 빼앗아 가는 두려운 존재였다. 하지만 과학은 자연을 인간의 기술적 도구로 가늠할 수 있게 했다. 자연의 다양한 현상들을 기술로 수치화하면서 풍랑의 높이, 바람의 방향과 세기, 비가 내리는 양을 측량할 수 있게 된 것이다.

또한 인류는 자연을 인간의 귀속물로 인정하려고 한다. 그 대표적인 것이 '종족주의'다. 종족주의는 인간 중심주의에서 비롯된다. 피터 싱어(P. Singer)는 인류가 다른 생명체들보다 우월적 지위를 가지고 있어서 인간이 다른 생명체와 종들을 쉽게 다루거나 차별하고 있다고 주장한다.

인류는 자연의 본래적 가치를 과학적으로 재단하고 있다. 인간은 자연의 여러 현상들을 수치화하거나 통계의 테두리 안에 가두고 있다. 이처럼 자연 중심의 세계관에서 인간 중심주의의 기획으로 대체되면서 결국, 인간 중심주의에서 나타나는 "오직 인간만이 유일하게 존엄한 존재다"라는 종족주의까지 이르게 된 것이다.

우리 사회는 자연에 대한 인간 중심적 가치관에 대해 시사하는 바들을 고민하고 있다. 우리 사회는 인류가 자연이 인류에게 주는 것들을 망각하고 있지는 않은지 숙고의 시간을 필요로 한다. 그리고 인류가 자연과 인간 사이에서 주도권을 벌이고 있는 사이에 누군가가 침범하기 시작했다. 그것은 다름 아닌 AI 기술이다. 인류의 삶이 어느 순간 AI 중심의 사회로 변하고 있다. 인공지능 기술의 도움 없이는 많은 일상생활에서 어려움을 겪고 있는 게 우리 사회의 현주소다. 뿐만 아니라 AI 기술의 발달은 인간 중심의 가치관에 대한 패러다임의 변화를 가져오고 있다.

## 코페르니쿠스적 전회(2): 포스트휴머니즘

자연, 인간 그리고 기계 사회의 공존은 가능한가? 앞서 이 글에서는 자연 중심에서 인간 중심으로 패러다임의 변화에 주목했다. 하지만 이런 변화 속에서 또 다른 세계관의 출현으로 자연과 인간, 두 세계관은 난관에 봉착했다.

닉 보스트롬(N. Bostrom)은 트랜스휴머니즘(Transhumanism)을 인간의 신체 기능 향상을 주도하는 기술이 확장되고, 이러한 변화들이 사회를 주도하는 시기라고 말했다. 이 시기는 기존의 인간 중심적 사회에서 탈피하여 기계 중심을 토대로 한 새로운 형태의 사회로의 변화를 말한다. 이러한 시대의 가장 큰 특징은 인간 삶의 양식의 변화 즉 초월하는 인간의 삶의 형태가 등장하는 것이다.

트랜스휴머니즘을 거쳐 등장하게 될 사회가 포스트휴머니즘(post-humanism)이다. 이 시대는 인간 형태의 새로운 변화가 완전히 자리 잡은 시기를 말한다. 포스트휴먼의 대표적인 사회적 변화는 '인간 향상(human enhancement)'이다. 이 기술은 맞춤 아기나 사이보그의 등장으로 더욱 강력한 초인(super human)들의 탄생을 가져오게 될 것이다.

포스트휴먼 시대에 주목하는 것은 인간과 공존하게 될 휴머노이드의 등장이다. 휴머노이드(humanoid)는 '인간(human)'과 '~와 비슷한(oid)'의 합성어로 탄생되었다. 이들은 사람의 외형적 모습과 유사하고, 사람의 행동 양식까지 그대로 따라할 수 있는 사이보그 로봇을 말한다. 인공지능 로봇 소피아(sophia)는 대표적인 휴머노이드 기술을 모방한 사이보그 로봇이다. 소피아는 사람의 기능을 흡사하게 모방하여 만들어진 모델이다. 소피아는 인간과 유사한 반응을 학습하여 그 자극에 대해 사람과 대화하면서 소통할 수 있는 기능을 선보였다. 소피아, 기계 로봇이 인간화하면서 서서히 휴머니즘 중심의 세계관이 해체되기 시작한다.

## 휴머니즘의 붕괴, '휴너머짐'

모더니즘을 거쳐 포스트모더니즘으로 이어지면서 새로운 질서가 등장하기 시작했다. 그것은 '해체주의'다. 기존 전통적 질서와 담론을 거부하고 새로운 형태의 사상들이 나타난 것이다. 전통적인 휴머니즘 가치관과는 별도로 자크 데리다(J. Derrida)와 로지 브라이도티(R. Braidotti)는 휴머니즘에 대한 비판적 태도를 보여주었다.

데리다는 휴머니즘 즉 인간 중심적 가치관에 나타난 순수함을 거부한다. 그는 인간 몸의 기원과 자연적인 성질을 거부했다. 그는 인간 중심적 사고에서 기인한 휴머니즘 즉 '본래적인 것'에 대한 거부, 자연적인 것들에 대한 해체를 시도했다.

데리다는 극단적인 인간 중심에서 벗어나려고 했다. 그는 휴머니즘에 대한 거부로서 인간과 그 인간을 제외한 다른 범주의 타자들 그리고 인간 중심적 테두리 아래에 있는 존재들에 대한 폭력을 비판한다. 인간과 인간이 아닌 동물과 비인간적인 다른 타자들 그리고 휴머니즘의 규정 아래에 있는 타자들 사이에서의 폭력에 대해 비판한다.

브라이도티는 휴머니즘은 인간의 고유한 양식을 보편적인 기준으로 전환시킬 때 비로소 이해가 가능하다고 보고, 보편적 인간 즉 인간 중심주의에 나타난 휴먼을 초월적 가치를 가진 우월적인 존재로 파악한다. 그는 오늘날 다양한 사회와 문화, 인종, 민족 그리고 자연의 무수한 타자들까지 포함해서 심지어 인공지능까지 새로운 타자들이 생겨난다고 보았다. 이러한 기술의 변화로 인해 기존의 휴머니즘 범주가 무너지고, 새로운 인간에 대한 이해와 개념들을 만들어 가야 한다고 보았다. 이들 해체주의에 따르면 휴머니즘의 중심이 무너지고, '휴너머짐'의 새로운 이해를 가져와야 하는 것은 아닌지 의문을 던지고 있다. '휴너머짐'은 휴머니즘이 무너지는 사회 변화를 말하는 표현으로 저자가 신조어를 만들어 보았다.

해체주의자들에 의하면 전통적인 인간, 휴머니즘의 개념에 대한 새로운 이해가 필요하고 그래서 기존 전통적인 기준이나 개념에 대한 거부가 요청되어야 한다고 보았다. 해체주의 등장은 기존 전통에 대한 거부감에서 시작되었다. 인간 중심주의, 휴머니즘의 거대한 질서에서 빗겨간 해체주의는 휴머노이드와 같은 새로운 존재에 인격을 부여해야 하는 여지를 남겨두게 된 것이다.

그럼에도 불구하고 이런 해체주의에서 인류는 여전히 휴머니즘의 공통적인 생각과 가치관을 지켜나가기 위한 노력을 해 나가고 있다. 인간을 제외한 존재, 아니 인간만이 가질 수 있는 그 순수한 본연의 가치는 그럼 어디서 찾을 수 있는가? 플라톤은 이데아를 설명하면서, 우리에게 인간에게만 가진 본래적인 가치들이 존재한다고 말한다. 이후, 이 글은 플라톤, 아리스토텔레스 그리고 칸트가 말한, '인간에게만 있는 본래적 가치'를 살펴볼 것이다.

## 참고문헌


김광연(2024). "포스트휴먼 시대에 휴머니즘의 해체와 재발견". 《기독교사회윤리》, 58, 145~179쪽.

김관수·안춘기(2018). "휴머노이드". 《전기의 세계》, 67(2), 7~13쪽.

신상규(2014). 《호모 사피엔스의 미래》. 아카넷.

유원기(2015). "아리스토텔레스의 목적론적 자연관이 지닌 의미와 한계". 《대동철학》, 71, 31~53쪽.

이경란(2019). "로지 브라이도티의 포스트휴먼". 《탈경계인문학》, 12(2), 33~58쪽.

한국포스트휴먼연구소·한국포트스휴먼학회(2016). 《포스트휴먼 시대의 휴먼》. 아카넷.

Arrington, R. L.(1998). *Western Ethics.* Blackwell Publishers.

Braidotti, R.(2013). *The Posthuman.* 이경란 옮김(2015). 《포스트휴먼》. 아카넷.

Deutscher, P.(2005). *How To Read Derrida.* Granta Books. 변성찬 옮김(2010). 《How to read 데리다》. 웅진씽크빅.

Singer, P.(1994). *Rethinking Life and Death.* Martin's Griffin Press.

Stumpf, S. E. & Fieser, J.(2002). *Socrates to Sartre and Beyond: A History of Philosophy.* McGrawHill Press.

## 03
## 플라톤의 이데아: 본유 관념과 의미

플라톤은 우리가 사는 세상을 본래적인 것과 비본래적인 것으로 나누었다. 인간은 사물의 비본래적인 것을 경험하면서 살아간다고 보았다. 그는 사물의 본질은 경험이 불가능한 이데아의 세계에 있으며, 모든 사물의 근원은 이데아라고 보았다. AI 시대, 플라톤은 인간이 가진 고유한 특성을 비본질적인 세상에서 본질적인 것을 사유할 수 있는 능력이라고 보고, 휴머노이드와 같은 존재는 본질적인 것을 인식할 수 없다고 본다.

인공지능과 편향?

## 플라톤의 이데아

일반인들은 인공지능(AI)을 '생각하는 기계(thinking machine)'라고 부른다. 그러나 정작 전문가들에 의하면 생각과 지능은 다르며, 지능에 대해 오해하고 있다고 말한다. 전문가들은 AI가 가진 지능의 확장 방식은 사람들이 가진 선험적인 인식 체계를 통해 문제를 접근하고 해결하는 것이 아니라 이미 내장된 알고리즘에 의해 답을 찾는 방식, 즉 이미 '학습된' 알고리즘을 통해 질문에 대한 대답을 찾는 기계라고 말한다.

사람과 AI의 문제 해결 방식은 다르다. 사람은 태어날 때부터 이미 선험적인 인식의 틀을 가지고 있다. 물론 경험론자들에게는 이런 선험적인 인식의 틀을 인정하지 않는다. 대표적인 경험론자인 로크(J. Locke)는 우리가 가진 지식이나 감각 그리고 우리의 인식에서 비롯된 지각의 표현은 경험에 의해 시작된다고 보았다.

하지만 경험론자 이전의 철학자들 가운데 본유 관념을 주장한 실재론자들은 경험론자들의 생각과는 다르다. 본유 관념이란, 사람이 태어날 때부터 이미 가지는 관념을 말한다. 이러한 관념은 후천적으로 배우고 경험한 것과 달리, 본래적으로 인간이 태어날 때부터 가지는 것이라고 했다.

플라톤(Platon)은 인간이 가진 경험의 한계를 언급하고, 이데아(Idea)를 제시한다. 이데아는 모든 존재의 근원이 된다. 이데아는 존재의 원인이자 대상의 표현을 드러내는 본래적인 근거가 되는 것이다. 예를 들어 '선함'이라는 가치가 있는데 이 가치는 다른 대상에게 선함을 표현해 주는 근원적인 가치를 말한다.

## 동굴의 비유

플라톤은 동굴의 비유를 들어 사물의 본질, 모든 대상을 설명하는 가치의 본래적 근원을 말하고 있다. 한 사람이 태어날 때부터 사슬에 묶여 고정된 채 앉아서 벽만 보고 있었다. 그 사람이 보는 벽에는 여러 형상들이 지나가고 있었다. 사람의 모습, 삼각형의 모양, 강아지 그리고 의자가 지나갔다. 그 사람은 자신이 보고 있는 그 형상이 '사실'이라고 믿고 있었다. 시간이 흘러 그 사람이 사슬을 풀고 움직일 수 있게 되었다. 그 사람이 뒤를 돌아보는 순간, 지금까지 벽에 비친 그 형상들은 빛 속에 반사되는 그림자들(사람, 삼각형, 강아지, 의자)이었다. 그가 고정된 사슬을 풀고 뒤를 돌아보니 실제 사람, 삼각형, 강아지, 의자가 있었고 지금까지 보고 있었던 것들은 그 사물의 그림자였다.

플라톤은 우리는 늘 사물의 본래적인 것을 관찰하기보다는 그림자를 보고 살아간다고 말한다. 그래서 그는 동굴의 비유에서 본래적인 것 즉 사물의 원형이 이데아이고, 이는 우리가 감각적 경험으로 얻어지는 것이 아니라고 말한다. 이데아는 감각적 경험에서 얻을 수 없는 현실에서는 존재하지 않는 사물의 본질이라는 것이다.

지금 삼각형을 떠올려 보자. 머릿속에 떠오르는 삼각형은 사물의 본질이다. 사물의 본실은 현실계에서 경험할 수 없는 관념의 형태로 남아있다. 이제 그 관념에서 시작되는 삼각형의 본질은 무수한 종류의 삼각형의 형태로 도화지 위에 표현될 수 있다. 우리가 그린 그림이나 플라스틱 삼각형 모형은 사물의 원형이 아니다. 우리 머릿속에 떠오르는 그 관념이 삼각형의 원형이다. 관념의 형태로서의 삼각형은 사유로 형태로서는 접근 가능하지만 인식 자체는 불가능하다. 이처럼 이데아, 즉 사물의 본질은 감각적 경험으로 얻어지는 것이 아니다. 한 송이의 수국을 보면서 느끼는 감각도 마찬가지다. '수국이 아름답다'고 말할 때, 그 아름다움의 가치는 인식이 불가능하다. 다만 수국에서 풍기는 아름다움의 관념은 여전히 머릿속에 남아 있다. 우리가 푸른빛이 도는 수국을 감추어도 여전히 우리는 '아름다움'의 관념을 가지고 있다.

이것은 선험적인 관념의 형태로 경험 이전의 것들이다.

휴머노이드들은 플라톤이 말한 이데아, 즉 본래적 관념을 가질 수 있는가? 결론부터 말하자면, 그들에게는 '학습된' 형태의 알고리즘만을 가질 뿐이다. 그들은 타고난 선천적인 인식을 가질 수 없다. 인간은 여러 종류의 장미를 종이에 그릴 수 있다. 그리고 다양한 색과 종류의 장미를 눈으로 경험했다. 하지만 장미를 보고 떠오르는 '아름다움'의 관념은 종이 위에 그릴 수 없다. 그러한 관념의 본래적인 것들은 이데아에서 시작된다.

휴머노이드에게 장미 그림을 부탁하면 얼마든지 그릴 수 있다. 하지만 그들은 '아름다움'의 본래적인 관념은 표현할 수 없다. 그들이 장미를 그릴 수는 있지만, 아름다움은 그릴 수 없다. 그들이 말하는 아름다움의 표현 또한 이미 학습된 알고리즘을 통해 만들어진 '제작된' 아름다움의 형태다. 휴머노이드가 가진 무수한 인식의 틀은 알고리즘이나 데이터베이스(DB)로 구축해서 저장된 형태로 표현된다.

현재 휴머노이드 로봇들이 공연을 하거나 음악을 연주하는 소식들을 접하게 된다. 하지만 그들이 공연이나 예술 활동에서 보여주는 형태는 아름다움의 본래적 가치를 알고 표현하는 것은 아니다. 그들은 오직 학습된

(저장된) 형태의 알고리즘을 통해서 입력과 출력이 반복되는 과정을 거친다. 하지만 인간이 가진 본유 관념은 후천적 학습이나 통계 자료 그리고 경험을 통해 가질 수 있는 것이 아니라, 이미 태어날 때부터 본유 관념을 가진다. 휴머노이드는 몸도 사유도 본래적인 형태의 가치도 없이 인간의 문화나 양식 패턴의 다양한 유형들을 저장해 두고, 이를 통해서 '아름다움(beauty)'의 가치가 아니라 '아름다운 것(beautiful thing)'을 인지할 뿐이다.

## 기억, 망각 그리고 의미

사람은 과거의 경험을 통한 학습, 기억 그리고 망각(잊어짐)이라는 과정을 지속적으로 반복한다. 새로운 지식을 습득하고 기억하여 하나의 정보를 두뇌에 저장한다. 하지만 그 저장된 정보는 시간이 흐르면서 잊혀진다. 우리는 망각을 통해 중요한 정보와 그렇지 않은 정보를 구분하여 삭제와 오랜 기억의 분류 과정을 거친다. 하지만 휴머노이드와 AI 기술은 망각(잊어버림)의 시간을 가질 수 없다. 그들은 정보를 저장하고 또 저장한다. 때로는 저장된 데이터가 삭제된다. 인공지능의 삭제와 저장의 반복은 인간의 두뇌 기능인 기억과 잊어짐(상실)과는 다른 양상이다. 사람들은 소중한 추억들을 오랫동안 간직

한다. 우리는 기억과 망각의 경계선을 오고 가면서 늘 기억과 망각의 반복을 재생한다.

인간의 기억은 '무작위' 형태로 생성과 소멸의 반복적인 패턴이 수반되고 동시에 수많은 영상들이 머릿속을 지나친다. 하나의 대상을 떠올리면 그 두 대상은 많은 것과 연관되어 떠오른다. 그것은 인간이 가진 다양한 스펙트럼에서 선천적으로 가진 이데아와 같은 관념들과 함께 기억과 학습 그리고 망각(잊어짐)의 수많은 반복을 통해 저장된 것들이 머릿속을 스쳐 지나가면서 우리의 삶에 일부가 된다.

지금 '나무'라는 개념을 떠올리면 두뇌의 활동은 '무작위'로 많은 생각을 가져온다. 초등학교 시절 친구들과 나무 아래 흙 밭에서 뛰어 놀았던 기억 그리고 대학교 학창시절 여의도 한강 벚꽃 축제 때 본 나무들 등등의 기억들이 순서 없이 떠오른다. 머릿속에 무작위로 떠오르는 수많은 추억들 그리고 그 과거의 시간 속에 함께 했던 수많은 사람들과 대상들은 경험과 경험 이전의 본래적인 것과의 수많은 반복 및 재생을 통한 무작위 활동의 결과물인 것이다. 우리는 무작위의 삶에서 일반적이고 보편적인 질서나 관습, 습관이나 도덕 체계를 지키며 살아간다. AI시대 휴머노이드가 가질 수 없는 인간의 보편적 가치에 대해 아리스토텔레스와 칸트의 입장을 들어보자.

## 참고문헌


김광연(2020). "휴머노이드와 인간의 감정". 《순천향 인문과학논총》, 39(3), 119~143쪽.

김재권(1997). 《심리철학》. 철학과현실사.

남경희(2013). 《플라톤》. 아카넷.

민경희 외(2002). 《생명과학의 이해》. 교학사.

서양근대철학회(2001). 《서양근대철학》. 창작과비평.

神崎洋治(2017). *人工知能解體新書 ゼロからわかる人工知能のしくみと活用*. 전종훈 옮김(2019). 《인공지능의 세계》. 북스힐.

Crane, T.(2016). *The Mechanical Mind*. Routledge.

## 04
# 칸트의 인간미와 공통감

"인간미란 무엇인가?" 인간미는 좋고 나쁨의 감정 표현이나 사람의 행동 양식만을 말하는 것이 아니다. 인간미는 '공통감'에서 시작된다. 칸트는 아름다움의 미적 공통감과 윤리적으로 올바른 선택을 하는 도덕적 공통감의 실현이 진정한 '인간다움'이라고 말하고 있다. 칸트가 말한 인간미에 대해 알아보고 "인간을 인간답게 만드는 것은 무엇인가?"에 대해 살펴보자.

청각장애인과 AI?

## 목적의 왕국

칸트는 인간을 이성적 존재로 보고 있다. 그는 인간은 공통된 하나의 체계 안에서 타자들과 함께 살아가는 존재라고 말한다. 그는 이러한 체계에서 사람들은 서로를 어떤 수단으로서가 아니라 목적으로서 대우해야 하고, 이곳에서는 공통적인 법칙이 존재하는데 이곳은 '목적의 왕국'이라고 불린다.

칸트가 말한 목적의 왕국에서 인간은 존엄성을 지닌다. 이곳에서 인간의 가치는 그 어떤 것과 대체될 수 없고, 그 가치를 평가하거나 계산하지 못한다고 말한다. 이성적 존재인 인간은 그 자체로서 목적을 가지고 있다. 이곳에서 한 가지 염두에 두어야 할 것은 인간이 윤리적으로 살아갈 때, 그 존엄성을 지닐 수 있고 동시에 목적의 왕국에 참여자가 될 수 있다는 것이다.

칸트에게서 인간의 존엄성은 본래부터 가지고 태어나는 선험적인 형식으로 획득되는 것이라고 말한다. 인간은 '본래적으로' 존엄한 존재로 태어난다. 하지만 인간이 존엄한 가치를 영원히 보존할 수 있는 것은 아니다. 인간의 존엄성은 영구적이거나 진리의 형태를 지닌 것은 아니다.

인간의 존엄성은 일회적으로 제시되는 진리의 형식은

아니다. 인간은 목적의 왕국에서처럼 늘 존엄한 존재로서의 위치를 지켜나가지 않으면 안 된다. 다시 말해, 인간이 가진 존엄성은 습관처럼 계속 지켜나가야 하는 것이다. 우리는 "인간은 존엄한 존재다"라고 선언하는 것을 넘어서 그 가치를 지속적으로 수행할 때 존엄성을 지켜낼 수 있다. 단지 인간으로 태어났다는 이유만으로 존엄한 존재가 되는 것은 아니다.

갈릴레오 갈릴레이(Galileo Galilei)는 "지구가 돈다"고 했다. 그는 '지구가 돈다는 것'이 진리이기 때문에 그렇게 말할 수 있었다. 마찬가지로 인간 존엄성도 하나의 진리로 받아들일 수 있다. 하지만 그 진리는 단순히 지구가 돌고 있는 영구적인 형태의 선언적 진리가 아니다. 지구는 스스로 자전과 공전을 하면서 돌아간다. 그것은 어떠한 노력이 요구되지 않고 하나의 진리로 자리 잡고 있다. 하지만 인간의 존엄성은 단지 선언으로서 그치는 것이 아니다. "인간은 존엄하다"는 진리를 스스로 지켜나갈 때 지속될 수 있다.

칸트는 인간 존엄성은 태어날 때부터 획득되는 동시에 선험적인 인간 존엄성을 지킬 수 있는 것은 이성적 행위로 인해 가능하다고 본다. 그는 인간이 아닌 다른 존재 즉 비이성적인 존재들과 이성적 존재이지만 비이성적 행위를 한 사람은 목적의 왕국에 포함될 수 없다고 말한다. 다시 말해 사람으로 태어나 이성적인 존재로서 존엄성을 가지고 있지만, 그 존엄성을 지켜나가기 위해 노력하지 않으면 안 된다고 말한다.

목적의 왕국에서 인간은 도덕 법칙을 수행해야 한다. 이 조건을 잘 지켜나가는 존재야말로 존엄한 가치를 지닌 인간이다. 그렇기에 누구나 지켜야 할 일반적이라고 규정되는 '보편 법칙'을 스스로 수립한 인간이 자율적으로 그것을 지켜나갈 때 존엄한 인간의 가치를 지닐 수 있게 된다. 그럼 이러한 보편적 체계들은 어디서 나오는가?

## 가치 실재론

인간은 일상적인 삶에서 다양성과 서로 다른 가치들을 공유한다. 동시에 대다수의 사람들이 느끼는 공통적인 감각도 여전히 존재한다. 우리는 "내 눈에 아름다운 것은 다른 사람들 눈에도 아름답게 보인다"는 말을 흔히 쓴다. 그렇다면 대다수의 사람들이 느끼는 '공통적인 감각은 존재하는 것'이라고 조심스럽게 말할 수 있다.

많은 사람들에게 공감을 얻어내는 형식은 존재하는데 칸트는 이것을 '공통감(sensus communis)'이라고 부른다. 공통감은 오늘날 '상식(common sense)'으로 번역된다. 공통감은 사회 구성원들 모두에게 통하는 하나의 보편적 지식의 형태를 가진다. 한 개인의 성격이나 개성과 같은 개별성 또는 특수성 이외에도 대다수의 사람들이 공통적으로 느끼는 습관이나 생활 태도 등은 분명 존재한다.

아리스토텔레스에 따르면 윤리(ethic)는 '에토스(ethos)', 즉 관습이나 오랜 습관에서 비롯된 것으로 설명된다. 그는 사람들이 일반적 또는 공통적으로 받아들이는 보편적인 생활 방식을 윤리라고 불렀다. 아리스토텔레스는 개별적인 대상 하나하나에 의미를 부여하고 동시에 그것을 파악할 수 있게 해 주는 본질적인 개념으로서의 형상을 제시한다. 이러한 형식들은 선천적으로 주어진다. 경험 이전에 이미 존재하는 가치들이 있는데, 선(善), 미(美)와 같은 가치는 선험적인 것이라고 보았다. 한 송이의 장미를 보면 대다수의 사람들은 아름답다고 느낀다. 이런 '아름다움'의 가치는 장미가 우리에게 만들어 주는 것이 아니라, 우리가 경험하기 이전, 장미를 보기 전에 이런 '아름다움'의 가치를 가지고 있는 것이다. 이러한 가치들이 경험 이전부터 선천적으로 존재하고 있다는 사상을 '가치 실재론'이라고 부른다.

무어(G. E. Moore)는 선(goodness)의 개념은 우리의 논리적인 설명이 불가능하다고 말한다. 그는 선 그 자체는 다른 어떤 것으로 설명이 안 되고, 그 자체로서 개념을 가지고 있다고 말한다. 무어는 인간의 선이나 악과 같은 경험이 사건을 통해서 나타나는 것이 아니라 초경험적이고 선천적인 형식으로 존재한다고 말한다. 아리스토텔레스에서부터 시작된 가치 실재론에서 나타나듯이, 인간은 태어날 때에 이미 추상적인 가치를 가지고 있다고 본다.

무어는 진, 선 그리고 미와 같은 가치들은 다른 어떤 것으로 정의가 불가능하고, 이러한 가치들은 그 자체로서의 성질을 가지고 있다고 보았다. 이 개념은 인간에게서 가장 기본적인 관념이기에 다른 어떤 것으로서 대체가 불가능하다. 아리스토텔레스에서부터 근대에 이르기까지 가치 실재론은 칸트에 이르러서 더욱 구체화된다. 칸트는 경험 이전에 공통감이 존재한다고 보았다.

## '공통감', 우리가 알고 있는 '상식'

칸트는 대상을 인식하고 그 대상을 판단하는 과정에서 선천적으로 우리의 의식에는 보편적 개념들이 원래부터 있다고 했다. 그는 우리가 가진 보편적인 개념을 통해 대상을 인식한다고 보았다. 칸트도 아리스토텔레스와 마찬가지로 선험적 관념들을 언급한다. 앞서 꽃의 예를 든 것처럼, 한 송이의 꽃을 보고 아름답다고 인식할 때 이미 우리 의식 속에는 이러한 선험적인 미의 개념이 자리 잡고 있다고 본 것이다. 그가 이렇게 보편 개념을 통해 대상을 파악하는 것을 '규정적 판단'이라고 불렀다.

칸트는 공통감을 두 가지로 구분한다. 먼저 인식적 차원에서 이해되는 '지성적 공통감'이다. 다음으로 아름다움을 판단하는 미적 판단에 의한 공통감, 다시 말해 '미감적 공통감'이 여기에 해당된다. 먼저 말한 지성적 공통감은 우리가 말하는 도덕적 공통감이다. 우리는 흔히 도덕적 상식에 맞는 행위라고 판단할 때, 그 행동은 도덕적인 공통감에 걸맞은 행동 양식을 말한다.

칸트에게서 상식은 보편성과 연관된다. 많은 사람들은 일상에서 상식에 준하는 행동을 한다. 하지만 상식에 어긋난 행동을 하는 사람들도 가끔 눈에 띈다. 대다수의 사람들이 어떠한 행동을 보고 그 행동이 '도덕적'이라고 판단하는 감각(도덕적 감각, moral sense)에 근거해서 그러한 행동을 규정한다. 하지만 어떤 행위가 상식에 어긋나는 경우, 우리는 그러한 행동을 비윤리적이라고 말한다. 상식은 말 그대로 다수의 사람들이 늘 '그렇게' 믿고 행동하는 하나의 원리로 간주된다. 앞에서 아리스토텔레스는 윤리를 하나의 관습이나 습관이라고 보았다. 마찬가지로 칸트에게서도 상식은 항상 (우리가) 그렇게 행동하고 간주하는 일련의 공통적인 습관을 말한다. 예를 들자면, 대중교통에서 작게 (전화) 통화를 한다든지, 공공장소에서 소란을 피우지 않는 것들은 일련의 상식적인 행동이다. 다수의 사람들이 그렇게 행동하는 것을 습관적으로 지켜왔고, 또 우리는 그러한 행동이 함께 살아가는 사회에서 올바르다고 생각했기 때문에 그러한 행동이 고착화되고 관습으로 자리 잡게 된 것이다. 칸트도 마찬가지로 아리스토텔레스처럼 관습이나 습관 즉 일시적이고 우연적인 행동이 아니라 오랫동안 사람들이 '그렇게' 지켜왔던 행동들을 '상식'이라고 부른다. 칸트에게서 선험적으로 주어진 공통감의 형식은 사회나 제도의 토대가 되고, 함께 살아가는 사회에서 도덕적 공통감은 하나의 상식으로 정착된다.

다음으로 취미 판단과 연결되는 미감적 공통감은 주관적이면서 동시에 보편적 감정 판단을 가진다. 칸트는 앞에서 말한 상식, 즉 공통감을 미적인 판단에서도 적용한다. 미적 판단으로서의 미감적 공통감은 한 개인의 (미적인) 판단을 넘어서 보편적이고 대다수의 사람들이 그렇게 인식하는 과정에서 동의가 가능한 주관적 필연성을 가진다.

칸트는 '아름다움'이라는 가치 즉 미적 감각도 어느 정도 상식이 통한다고 보았다. 미적 감각은 각자의 인식에 따라 달라질 수 있다. 동일한 대상을 보고 아름답거나 또한 그렇지 않다고 느낄 수 있다. 사람들이 살아온 환경이나 문화 그리고 개인적인 취향에 따라 미적 감각은 얼마든지 달라질 수 있다. 그럼에도 불구하고 대다수의 사람들에게서 '아름답다'라는 공통의 분모는 존재한다. 반 고흐의 작품을 보고 많은 사람들이 감탄사를 아끼지 않는 이유는 다수의 사람들이 그의 작품을 그렇게 평가하는 이유에서다. 영화에서도 마찬가지다. 천만 관객의 이목을 집중시킨 영화들은 대다수의 관람객들이 그 영화의 작품성을 보고 명작으로 간주했기 때문에 가능하다. 그런 점에서 예술이나 작품에서 느낀 감각에도 인류가 가진 공통적인 미감은 여전히 대상을 인식하는 데 영향을 주었다.

동서양을 불문하고 많은 사람들이 모여드는 관광지, 박물관은 다 이유가 있다. 모두가 한 목소리로 그곳의 경치와 작품들이 아름답다고 말하기 때문이다. 각자의 다른 취향이나 삶의 양태 그리고 다른 가치관에도 불구하고, 공통적으로 느끼는 미감(美感)은 시대와 장소를 불문하고 존재하는 것이다. 도덕적 공통감과 미적 공통감, 이 둘의 형식은 보편성을 띠는 동시에 인간이 경험하기 이전부터 가진 선험적 감각과 관련된다.

### 참고문헌


김광연(2025). "창조적 활동에 나타난 연대성과 책임성". 《기독교사회윤리》, 61, 137~175쪽.

김다솜(2015). "흄과 칸트: 공감과 공통감". 《칸트연구》, 36, 51~72쪽.

김선욱(2011). 《행복의 철학》. 길.

김태길(2002). 《윤리학》. 박영사.

박찬구(1995). "흄과 칸트에 있어서의 도덕감". 《철학》, 44, 85~110쪽.

최인숙(2005). 《칸트》. 살림.

Arrington, R. L.(1998). *Western Ethics.* Blackwell Publishers.

Aristoteles(n.d.). *Ethica Nicomachea.*

Kitcher, P.(2011). *Kant's Thinker.* Oxford University Press.

Korsgaard, C. M.(1992). *Creating the Kingdom of Ends.* 김양현·강현정 옮김(2007). 《목적의 왕국》. 철학과현실사.

Moore, G. E.(1971). *Principia Ethica.* Cambridge University Press.

# 05
# 들뢰즈의 기관 없는 신체

들뢰즈는 생물학적 유기체의 신체를 기계화된 정형의 틀로 이해하고 있다. 들뢰즈는 유기적 존재를 비인격적인 기계와 동일시한다. 그는 인간을 대체 가능한 기계라고 보고, 인간의 '기계-되기'의 관계를 설명한다. 들뢰즈가 본 기관 없는 신체에 대해 다룬다.

AI 콘텐츠 크리에이터?

## 들뢰즈의 기관 없는 신체

트랜스휴먼 시대에 사람들의 몸은 서서히 '기계화'가 되면서 기계 인간으로 탈바꿈하고 있다. 사람들은 썩은 치아를 대신해서 임플란트를 한다. 이 기술은 인공 치아를 잇몸에 이식하는 치과 수술을 말한다. 이 시술은 기계가 유기적 잇몸에 부착되어 몸의 일부가 되는 과정이다.

들뢰즈(Gilles Deleuze)는 인간의 몸에 대한 유물론적 사고를 제시한다. 그는 행위에 대해 그 행위가 산출한 결과가 그의 성격을 규정한다고 보고, 몸에 대한 유물론적 사고를 익숙하게 받아들인다. 도구도 마찬가지로 그 도구가 사용되는 의도나 목적에 의해 만들어졌다기보다는 그것들이 어떻게 작동되고 그 도구가 어떠한 결과를 만들어 내는지에 대해 더욱 관심을 가진다. 기계는 물리적으로 작동했을 때, 그것으로 인해 결과물이 뒤따른다. 기계가 멈추어 있으면 어떠한 결과물을 만들어 내지 않는다. 그에게서 기계의 존재 목적은 작동 그 자체의 의미보다는 그것들이 만들어 낸 산출물이 반드시 뒤따라야 되는 것이다. 들뢰즈는 사람의 입은 식도와 연결되어 음식을 소화시키는 일련의 과정으로서 역할을 한다. 그리고 식도는 그 음식과 영양소의 흐름을 전달해 주는 기계인 것이다. 다른 예를 들자면, 입과 식도에서 위치한 사람의 성대는 바깥 공기와 접촉하여 흐름을 이어가게 하고, 말을 담당하는 '말하는 기계'인 것이다. 이처럼 들뢰즈는 생물학적이고 유기적 존재인 사람의 몸을 기계화된 하나의 틀로 설명한다.

그는 유기적 존재를 기계와 동일시하면서 인간을 대체하는 기계를 자연스럽게 받아들이는 것에 별 무리가 없어 보인다. 그는 유기적 신체를 비유기적 존재인 기계와 동일시하면서 '기계-인간' 심지어 '기계 되기'에 익숙해 있다. 인간의 기계화 시대, 우리는 앞으로 인간과 기계의 둘 사이에서 경계가 허물어지는 시간에 인간의 몸에 대해 다시 한번 제고해 본다. 영화 〈오즈의 마법사〉와 〈공각기동대〉는 인간의 신체가 어떠한 함의를 지니고 있는지 말해주고 있다.

## 오즈의 마법사

동화 〈오즈의 마법사〉는 많은 사람들에게 사랑을 받았다. 동화책과 영화로 전 세계 언어로 번역되어 많은 아이들을 포함해서 어른들도 감상한 명작이다. 이 동화는 주인공 도로시와 허수아비, 양철 나무꾼, 겁쟁이 사자가 여행을 떠나면서 시작된다. 영화 속 주인공들은 그들이 원하는 것을 갖기 위한 모험을 보여준다. 결국 영화의 끝에서 그들은 원하는 것을 얻을 수 있었다. 그들이 원하는 것은 다름 아닌 몸의 일부이거나 사람만이 가진 감정이었다.

오즈는 허수아비에게 왕겨로 만든 두뇌를 선물했다. 겁이 많아 용기가 필요한 사자에게는 담대함을 가질 수 있는 마법의 약을 주었다. 따뜻한 심장을 가지고 싶었던 나무꾼에게는 비단으로 만들어진 심장을 선물했다. 동화 속 주인공 허수아비, 사자, 양철 나무꾼, 이들은 사람의 신체 일부를 가지고 싶었다. 비록 동화 속 모험의 이야기로 들릴지 모르나, AI 시대에 이 동화는 새삼 다르게 다가온다.

동화 속 주인공들은 대단한 소원을 원한 게 아니었다. 사람들이 가진 작은 감정이나 신체의 일부를 원했을 뿐이다. 그렇다면 그들이 가지고 싶었던 두뇌와 심장 기관은 AI 시대에 어떤 함의를 지니는가? 왜 그들은 사람 신체의 일부인 두뇌와 심장을 원했을까? 〈오즈의 마법사〉에서 그들이 원했던 신체의 일부 기관은 단순히 생물학적인 기능 그 이상의 가치를 가지고 있었다. 신체의 기관은 삶과 이어진다. 허수아비는 단순히 뇌를 가지고 싶은 게 아니었다. 그는 생각할 수 있는 존재가 되고 싶었다. 사람의 생각은 두뇌에서 시작되는 생물학적 유기체의 기능과도 연결되지만, 그 기능 이상의 의미를 주고 있다. 허수아비는 생물학적인 두뇌를 원하는 것이 아니라 '생각할 수 있는' 기능을 가진 두뇌를 원한 것이었다. 마법사는 허수아비의 머리를 떼어내고 겨와 핀과 바늘을 섞은 뒤 잘 흔들어서 머리의 윗부분에 두뇌를 넣어 주었다. 영화 속 주인공들이 원했던 것은 뇌와 신장의 기관만이 아니었다. 그들은 삶의 연장을 원했었다. 신체의 기관은 기능이나 몸의 일부로서의 역할만 하는 것이 아니라 그 존재의 일부를 넘어 삶까지 연장된다.

영화는 우리에게 말해준다. 모든 사람들은 공통의 신체를 가지고 태어났다. 하지만 〈오즈의 마법사〉에 등장한 인물들은 사람들이 가진 신체의 일부 없이 살아가는 존재였다. 그들이 원하는 것은 사람이 되고 싶었다. 그들은 타자 그리고 세상과의 '연장된 신체'를 원했다. 허수아비는 "나는 누구인가"라는 정체성에 대해 늘 궁금했었다. 동화 속 주인공들은 신체의 일부를 찾기 위해 모험을 떠난 것이 아니라, 그들이 갈급한 것은 부족한 신체를 통해 얻을 수 있는 삶의 연장이었다.

사람의 뇌와 신체는 몸의 모든 부분에서 뇌로 또 다시 몸의 각 부분으로 신호를 전달해주는 감각과 운동성 말초 신경을 가진다. 몸의 부분들은 각각의 근육과 관절 그리고 장기와 연결되어 말초신경을 통해 신호를 뇌에 전달한다. 뇌로부터 척추를 따라 등으로 뻗어 나가는 신경계인 척수를 합하여 중추신경계와 그 신경계로부터 나와서 온몸에 펴져 있는 신경계를 말초신경계로 구분한다. 중추신경계 중뇌는 자극을 감지하고 몸의 항상성을 유지해주며 운동과 지능 그리고 감정과 기억 등을 조절하는 역할을 담당한다.

인간의 신체는 두뇌와 몸의 상호 협력 관계를 통해 유기체를 이룬다. 이 관계는 유기적인 조화를 이루면서 동시에 환경에 적응하며 살아가게 해 준다. 그 작용은 뇌의 독자적인 판단이나 영향이 아니라 몸과 연결된 상호관계적인 반응인 것이다. 우리의 몸에서 알 수 있듯이, 신체가 없는 기관만 존재하거나 또는 그 반대로 기관이 없는 몸만 존재할 경우, 어느 경우든지 몸과 기관의 상호작용은 불가능하다. 몸 속에 신체 기관들은 많지만 동시에 하나다. 그 어느 신체의 기능이 단독적으로 수행되지 않고 상호 관계를 맺고 유기적으로 몸의 기능을 완벽하게 소화해 낸다. 그렇다면 신체의 일부를 기계로 대체하는 사회가 오면 어떻게 될 것인가? 기관 없는 몸의 시대, 〈공각기동대〉 영화에서 우리는 미래의 모습을 들여다 볼 수 있다.

## 공각기동대

영화 〈공각기동대〉(Ghost In The Shell, 2017)는 인간과 로봇의 경계선에서 나타나는 미묘한 윤리적 공간을 묘사한다. 주인공 메이저(스칼릿 조핸슨)는 인간과 기계가 결합된 사이보그다. 그녀는 특수 부대의 일을 맡으며 인간과 기계의 경계선을 오가면서 자신의 고민을 보여주고 있다. 모든 기억을 상실한 그녀는 정부에 속해 있는 수사 기관에서 활동한다. 그녀의 머리에는 어릴 적 반항으로 심어진 기억이 자신의 유일한 추억이었다. 그녀는 자신의 정체성은 없어지고 오직 하나의 조직에 속한 사이보그에 불과했다. 이 영화는 그녀가 서서히 자신의 정체성을 찾아가면서 전개되는 이야기를 그렸다. 영화에서는 인간의 두뇌를 이식받은 인공 신체는 '영혼(Ghost)'을 가질 수 있는 존재로 보고, 인공 신체의 몸을 가졌지만 기계 로봇과는 다른 존재임을 보여준다.

우리는 두 영화를 살펴보았다. 이 영화들이 우리에게 말해주는 것은 무엇인가? 남들처럼 생각할 수 있고, '나는 누구인가?'라는 자신의 정체성을 찾고 싶어 했던 영화 속의 주인공 허수아비와 자신의 의지와 무관하게 인간의 두뇌와 기계의 몸을 가진 메이저는 모두 두뇌 이식이라는 공통점을 가진다.

그러나 자세히 들여다보면, 이들 두 주인공의 뇌 이식에 관한 존재론적 함의는 다르다. 허수아비는 단순한 생물학적 기능을 원하는 뇌 이식을 원하는 것이 아니었다. 그는 자신만의 고유한 상상의 나래를 펼칠 수 있는 두뇌를 원한 것이다. 그리고 그는 인간이 되고 싶어 했다. 하지만 〈공각기동대〉에서 보여주는 메이저는 다르다. 허수아비는 인간이 되고 싶었고, 메이저는 원래 인간이었지만 기계화되는 너무 다른 이야기들이다. 메이저는 인간이 되고 싶은 허수아비가 아닌, 인간이 기계가 되는 정반대 이야기의 주인공이다. 오히려 〈공각기동대〉에서는 사람의 뇌를 인공 신체에 이식시키는 장면에서 기능적이고 연장된 신체의 일부로서의 뇌를 원했던 허수아비와는 다른 주인공의 모습이 드러난다.

앞으로 두뇌 이식이 가능한 시대가 오고, 신체의 일부인 기관(장기)을 기계로 대체하는 순간 〈오즈의 마법사〉에 나온 허수아비가 꿈꾸는 두뇌는 더 이상 기대할 수 없게 될지 모른다. 〈공각기동대〉에 나온 메이저는 통합된 표상이 아닌 기능적인 뇌 즉 과거의 기억은 지우고 원하는 기억만을 주입시키는 기술을 경험한 주인공이었다. 그녀는 자신의 기억이 아닌, 인위적으로 제작된 기억을 두뇌에 이식받은 존재였다. 우리는 이 영화에서 허수아비가 원했던 그 뇌의 본 모습은 찾지를 못한다.

국내에서도 뇌 이식 기술이 개발 중에 있다. 뇌 이식 무선 장치를 개발해서 뇌 이식 연구에 한층 다가서고 있다. 카이스트와 연세대 연구팀이 공동으로 '뇌 완전 이식형 무선 장치'를 연구했다. 이번 연구팀은 뇌 이식 무선 장치를 LED 실험용 쥐의 뇌에 삽입한 상태에서 두피 안으로 이식한 뒤, 쥐를 자동으로 무선 충전하여 사용할 수 있게 되었다. 이번 연구로 인해 뇌 이식용 장치를 넘어 인공 심장 박동기 등 다양한 생체 이식 장치에 적용될 수 있을 것으로 보고 있다.

우리는 일상에서 보철을 통해 질병을 치료하거나 신체의 불편함을 없앤다. 보철을 하거나 임플란트를 이식하는 과정에서 우리는 기계를 잇몸에 이식한다. 이 기술은 신체에 기계를 이식하는 기술의 초기 단계인 것과 무방하다. 우리는 일상에서 기술에 따른 공학 의존도에서 자유로울 수 없게 된 것이다. 이젠 우리가 인간의 몸과 기술 사이의 경계가 무너지는 것을 예상할 수 있어야 할 것이다.

### 참고문헌

김광연(2022). "기관없는 신체와 유기적 몸의 연장". 《순천향 인문과학논총》, 41(2), 63~89쪽.
민경희 외(2002). 《생명과학의 이해》. 교학사.
이진경(2016). "들뢰즈의 유물론, 혹은 '외부에 의한 사유'". 《마르크스주의 연구》, 13(1), 104~129쪽.
KBS 뉴스(2021.1.29). "뇌 이식 장치, 무선으로 충전·제어 가능". https://news.kbs.co.kr/news/pc/view/view.do?ncd=5106551
Damasio, A. R.(1994). *Descartes' Error: Emotion, Reason, and the Human Brain*. Putnam. 김린 옮김(1999). 《데카르트의 오류》. 중앙문화사.

## 06
## 몸의 기술화와 신체 해체주의

근대 이전 생명의 탄생에서 사랑의 감정까지 인간의 삶을 대하는 방식은 형이상학적 체계에서 비롯되었다. 그러나 근대 이후, 생명의 탄생과 인간의 감정이 의학적으로 설명되고, 인간의 정신은 하나의 물질로 환원되기 시작했다. 슬라보예 지젝은 인간의 정신을 물질로 환원될 수 없다고 한다. 그는 후성유전자를 언급하면서 인류는 후천적 환경에 지배받는 존재라고 말한다. 휴머니즘의 가치와 형이상학적 인간 이해에 대해 살펴본다.

AI와 민주주의?

## 형이상학적 인간, 생물학적 인간

근대 과학 기술이 발전되기 전까지 '인간이란 무엇인가?'에 관한 이해는 주로 존재론적이고 철학적인 물음에 대한 답변들이 대다수였다. 인간의 본성, 자유 의지, 죄의 문제 등 기존의 인간 이해는 주로 존재론적 접근 방식이 거의 대다수였다. 근대 이후, 과학 기술의 발달 특히 의학의 발달로 인간 이해에 대한 새로운 국면이 전개되었다. 인간 삶의 이해들은 형이상학적 접근에서 유기적 존재로서의 유물론적 접근으로 바뀌게 된 것이다.

전통적으로 인간의 실존에 관한 물음 즉, 인간의 존재론적 이해와 더불어 형이상학적 인간 이해는 당시 인간학의 주된 영역이었다. 하지만 뇌 과학의 발달로 인간의 이해는 새롭게 해석되었다. 세포학과 유전학 등의 학문적 발전으로 인간 탄생의 비밀이 밝혀지고, 생명 탄생의 영역은 형이상학적이고 종교적(당시 기독교적) 해석에서 생물학적 해석으로 갈아타게 된 것이다. '인간의 마음'도 예외는 아니었다.

1950년 예일대학교 호세 델가도(Jose Delgado) 박사는 원숭이의 뇌에 칩을 넣어 전기 자극 실험을 주도했다. 그는 이 실험에서 인간의 감정이 뇌에서 시작되는 것을 찾았다. 원숭이의 뇌에서 기쁨과 고통 등의 표현이 시작되는 것을 발견하고, 인간에게서도 어떻게 감정이 생겨나는지에 대해 답을 찾으려고 했다.

지금 우리들이야 인간의 감정은 두뇌의 기능에서 비롯된다고 쉽게 말할 수 있겠지만, 과학이 발달하지 않은 근대 이전에는 전혀 상상할 수 없는 일이었다. 당시 인간의 마음은 뇌에 있는 것이 아니라 가슴(심장)에 있는 것이라고 생각했다. 그래서 사랑의 감정은 심장에서 시작되는 것이라고 당연히 그때는 그렇게 믿고 있었다. 지금도 드라마나 영화에서는 여전히 사랑하는 대상을 만나면 '심장이 뛴다'라는 말을 자연스럽게 표현한다. 과학으로 입증될 수 없는 우리의 마음은 심장에서 시작되는 것이라고 믿을 수밖에 없었다.

근대 과학 기술은 사람의 생명뿐만 아니라 모든 생명체에 대해 과학적으로 해석했다. 근대 이후, 과학 기술은 인간 생명의 탄생과 자연의 내재적 가치들을 '수치화' 또는 '규격화'하는 세계관으로 바꾸어 놓았다. 미지의 세계였던 유기체적 존재들은 과학의 문턱을 넘는 순간, 인과론적 소용돌이에서 자유롭지 못하게 된 것이다.

신경과학자들은 두뇌도 생물학적 유기체로서 세포로 구성되어 있다는 것을 발견하고, 뉴런이 몸의 여러 상호작용에 관여하는 것으로 밝혀냈다. 뉴런은 다양한 신체와의 작용을 통해 근육 세포에는 활동 전위를 전달하고, 누군가와 사랑에 빠지거나 미워하고 질투하는 것 등의 신경 물질을 전달하는 기능을 가진다. 근대 이후, 세포학과 뇌 과학 기술의 발전 그리고 오늘날 유전 공학의 기술로 인간의 생물학적 체계인 DNA 지도가 구축되면서 인간에 대한 생물학적 이해의 완성도를 높여가고 있다.

## 도파민, 형이상학의 해체

에리히 프롬(E. Fromm)은 사랑은 사람들에게 분리감을 극복해 주고, 서로의 다름을 허용하는 합일의 형태라고 말한다. 그는 사랑이라는 가치는 둘이 하나가 되지만 여전히 둘로 남아 있는 역설적 행위라고 했다. 그는 사랑의 가치는 단순히 생물학적 합일의 상태를 넘어서 서로의 타자성을 인정하고, 여전히 합일의 형태에서 각자의 타자성으로 남아 있는 것이라고 보았다. 그가 본 사랑은 생물학적 사랑에 대한 환원 그리고 황금만능주의와 결합된 사랑의 비본질성을 비판했다.

에리히 프롬은 사랑이 단순히 '이런저런 것'이라고 말하기에는 너무 무거운 주제이며, 이 사랑이야말로 인류에게 최고의 가치이자 마지막 가치라고 말한다. 사랑의 행위나 가치를 단순히 생물학적 합일이나 호르몬 분비에 의한 유물론적 환원론에 입각해 해석하는 것을 경계했다.

우리는 사랑의 호르몬이란 말을 가볍게 주고받는다. 인간의 감정과 관련된 물질은 특정 신경세포의 반응을 조절하는 호르몬과 관련이 있다. 우리가 잘 알고 있는 엔도르핀(endorphin)이 대표적인 감정 조절 호르몬이다.

오늘날 많은 신경과학자들을 비롯한 전문가들은 사랑에 관해 형이상학적 접근보다는 생물학적으로 이해하려고 한다. 물론 과학적으로 우리가 사랑하는 사람을 만나게 되면, 우리 몸에서는 자연스럽게 호르몬이 분비된다. 도파민은 사람의 기분을 '긍정적으로' 변화시켜주는 신경 전달 물질이다. 이 호르몬은 사람에게 동기를 부여하고 행복감을 주는 물질이다. 반대로 이 물질이 부족하면 우울증이 생길 수 있다. 이처럼 신경 물질은 인간의 몸에 중요한 역할을 하는 것은 분명한 사실이다. 하지만 지나치게 유물론적으로 해석하는 것은 경계할 필요가 있다.

인간 생명에 대한 유물론적 접근 방식도 예외는 아니다. 생명의 탄생이 형이상학적 접근 방식에서 생물학적 접근으로 넘어간 지 이미 오래전이다. 이 변화의 주도는 과학 기술(의학)의 힘이었다. 근대 이후, 과학 기술의 발전이 거듭될수록 현미경과 의료 기술의 발달, 세포학의 발달로 과학자들은 아기의 탄생은 정자와 난자가 만나서 수정란을 거쳐 임신이 되는 과정이라고 설명했다. 당시 과학 기술은 인간 생명의 탄생을 생물학적으로 설명하면서 생명 탄생에 대한 새로운 세계관을 열었다.

하지만 과학이 발달되기 이전, 인간의 생명은 형이상학적 질서 안에서 해석되었다. 생명의 탄생은 신비 그 자체였다. 사랑의 결실로 아이가 태어나는 과정은 미지의 영역이었다. 아기의 탄생은 하늘의 선물로 간주했었다. 지금도 형이상학적 가치관을 받아들이는 이들에게서 아이의 탄생은 하늘의 선물로 이해한다. 기독교적 전통에서 아이의 탄생은 하늘에서 준 은혜라고 생각한다. 할머니가 손녀에게 '우리 천사'라는 말을 하고, 할아버지와 할머니가 손자를 보면서 '우리 복덩이'라는 말로 대신한다. 이런 말에서 보듯, 한 생명의 탄생은 신비적이고 형이상학적 가치를 가지고도 남있다.

마이클 샌델(M. Sandel)은 생명의 탄생은 형이상학적 토대에서 해석될 수 있다고 보았다. 그는 자연이나 행운이 나를 만들거나 또는 주어진 선물의 개념으로 이해하는 데 우리가 상당히 많이 의존하고 있다고 말한다. 샌델 교수는 삶과 생명에 대한 경외심이야말로 우리가 가져야 할 태도라고 말한다. 그는 생명의 탄생이 단지 종교적 이해에서만 접근하는 것이 아니라 선물로 주어진 생명에 대한 책임도 수반되어야 한다고 보았다. 그는 삶 자체, 아기의 태어남과 그 아이가 앞으로 살아가면서 성인이 되는 과정에서 생명의 과정은 형이상학적 가치와 분리될 수 없다고 했다.

과학 기술의 발달과 함께 인간의 생명과 삶의 가치들이 유물론적으로 이해되기 시작하면서 형이상학의 해체를 가져온 것이다. AI 기술의 등장은 이런 형이상학적 해체를 더욱 가속하게 할 전망이다. 신체 증강 기술이 등장하고, 인간의 유기적 신체들을 인공 신체로 만들어 더욱 강한 인간, 더욱 빠른 인간, 더욱 오래 살 수 있는 인간으로 개조되면서 형이상적으로 이해되는 인간의 실존이 위협받고 있다.

## 후성유전자와 신체의 연장

슬라보예 지젝(Slavoj Zizek)은 인간의 정신이 신경 물질과 같이 물질적으로 환원되는 '유물론적 환원론'을 비판한다. 그는 인간의 정신이 과학적으로 이해되는 것은 인간의 잠재력을 파괴하는 것이라고 보았다.

지젝은 후성유전학에 대해 말한다. 이는 'epigenetics'로서 접두어 epi는 '기존에서 무엇을 더하여'라는 의미를

뜻한다. 후성유전학은 유전자 DNA의 배열만으로 사람의 생명을 측정할 수 없고, 앞으로 배우고 경험하는 여러 환경이나 후천적인 요소들이 결합되어 형질의 변화에 영향을 준다고 보았다. 후성유전학에서는 비록 유전자 구조가 같다 해도, 생활 태도나 방식 그리고 외부적인 환경이나 여건들에 의해 유전자적 형질의 변화가 생겨나고, 이로 인해 사람의 유전자 배열과 환경이 서로 관련된다는 것을 중요하게 본다. 이처럼 인간의 삶은 생물학적 기능이나 유전자의 배열, DNA의 구조 등 기능적인 환원으로 설명이 불가능하다. 인간의 몸은 다양한 외부 환경, 삶의 태도와 방식 그리고 사람들 사이의 관계 등 여러 요소들로 인해 특징지어진다.

일란성 쌍둥이는 동일한 유전자 배열을 가진 서로 다른 자기 복제의 특징을 가진다. 비록 그들이 동일한 유전자 구조를 가져도 그들의 삶과 외부 환경은 많은 영향을 준다. 실제로 고령의 쌍둥이 두 사람의 삶을 살펴보니, 한 사람은 60세에 알츠하이머에 걸렸는데 다른 한 사람은 80세가 넘어도 병에 걸리지 않고 건강했다. 이 소식을 들은 전문가들은 이러한 이유 중 하나를 '공유하지 않는 환경의 영향'이라고 판단했다.

신체를 기계로 대체하려는 기능주의적 세계관에서 후

성유전학이 제시하는 함의는 인간의 생명이 정해진 유전자의 정보에만 달려 있는 것이 아니라 다양한 여건과 환경에 따라 얼마든지 삶의 변화가 가능하고, 그 변화에 적응하여 살아갈 수 있는 인간 존재의 가치를 말하고 있다.

트랜스휴먼 시대에 신체와 분리된 기관을 강조하고 몸의 기계화, 물질화를 추구하는 경향이 강해지면서 기능주의적인 신체의 한계를 잊어서는 안 될 것이다. 인간의 신체 안에 다양한 기관들은 기능 그 자체의 역할을 넘어 다양한 세계관과 연결된다. 인간의 몸이 기계화되는 시대에 유기적 몸의 연장을 다시 한번 생각해 본다.

우리의 몸은 먹고 마시고 소화시키는 기능적인 것을 넘어선다. 단순히 무엇을 암기하고 기억하는 기능적인 두뇌의 역할이 아닌 대상과 자아 그리고 세계관까지 상상의 나래를 펼치고, 그 속에 "나는 누구인가"라는 철학적 질문을 던질 수 있게 하는 것 또한 두뇌가 가진 기능의 일부일 것이다. 앞으로 두뇌를 이식하거나 인공 신체에 인간의 두뇌를 이식하는 기술이 개발된다 해도, 인간의 두뇌는 생각하는 신체 그 이상의 함의를 가지고 있다는 것을 염두에 두어야 할 것이다.

휴머노이드, 기계의 몸과 인공 두뇌를 가진 그들에게 신경 물질을 주입시키면, 그들도 사람들처럼 사랑과 희망, 공포와 두려움의 감정을 가질 수 있을까? 정말 로봇도 사랑을 할 수 있을까?

## 참고문헌


강병조(2009). 《뇌과학과 마음의 정체》. 하나의학사.

김광연(2022). "기관없는 신체와 유기적 몸의 연장". 《순천향 인문과학논총》, 41(2), 63~89쪽.

박춘호(2017). "후성유전학 혁명, 진화론의 재부상인가? 창조의 새로운 지평인가?". 《창조론오픈포름》, 11(1), 74~80쪽.

장현갑(2009). 《마음 vs 뇌》. 불광.

조은희(2014). "유전정보에 대한 윤리적 쟁점의 변천". 《생명윤리》, 15(1), 39~55쪽.

헤럴드경제(2019.4.29). "'사랑의 호르몬', 도파민과 친해지려면…". https://biz.heraldcorp.com/article/1985229

Freeman, W. J.(2000). *How brains make up their minds.* 진성록 옮김(2007). 《뇌의 마음》. 부글북스.

Fromm, E.(2000). *The Art of Loving.* HarperCollins.

Kegel, B.(2015). *Epigenetik: Wie unsere Erfahrungen vererbt werden.* 권상희 옮김(2017). 《후성유전학》. 다른세상.

Sandel, M. J.(2007). *The Case against Perfection.* Harvard University Press. 이수경 옮김(2016). 《완벽에 대한 반론》. 와이즈베리.

Vincent, J. D. & Ferry, L.(2000). *Qu'est-ce que l'homme?.* 이자경 옮김(2002). 《생물학적 인간, 철학적 인간》. 푸른숲.

Žižek, S.(2004). *Organs without bodies: Deleuze and consequences.* Routledge. 김지훈 외 옮김(2006). 《신체 없는 기관》. b.

## 07
## 흄의 상상력: 휴머노이드, 개와 늑대의 시간

영화 〈아이, 로봇〉에서는 휴머노이드가 집안일을 돌본다. 영화에서는 이들과의 공존을 회상하는 유토피아가 등장한다. 하지만 휴머노이드가 스스로 의식을 가지기 시작하면서부터 유토피아는 디스토피아로 바뀐다. 휴머노이드와 함께 하는 인류의 삶이 유토피아인지, 디스토피아인지 그 경계선상에서 '개와 늑대의 시간'을 살펴본다.

AI와 애니메이션?

## 흄, 미래 상상력과 허구

데이비드 흄(D. Hume)은 인간의 인식을 인상과 관념으로 구분해서 설명한다. 인상은 과거의 경험이다. 어제 친구와 커피 매장에서 아메리카노를 같이 마신 그 순간은 인상이고, 오늘 다시 그것이 떠오르는 것은 관념이다. 그래서 관념은 인상이 전제되어야 하고, 인상은 늘 관념에 앞서 있다. 그에게서 인상이 없는 관념 즉 경험을 통한 인상이 없는 관념은 허구에 불과하다.

흄에게서 인간의 기억은 관념의 형태로 남는다. 즉 과거의 인상들이 재현되는 관념이 기억인 것이다. 흄은 인간의 기억과 상상력을 구분한다. 먼저 기억은 인상에 의해 다시 재생되는 관념이다. 기억은 과거의 인상이 재현되고 생생하게 유지된다. 그는 이러한 인상의 되풀이를 기억이라고 부른다.

상상은 좀 다르다. 상상은 미래의 시간이고 과거에 존재하지 않은 것을 생각하는 것이다. 그래서 상상은 대응하는 인상 즉 경험에서 비롯된 관념이 없기 때문에 단순히 생각만으로 존재한다. 흄에게서 상상력에서 만들어진 결과물은 사실일 수도 있고 그 반대일 수도 있다. 상상력에서 비롯된 것들은 과거나 현재의 그 어떤 것과 대응되는 것들이 없다. 그래서 그는 과거나 현재의 것과 대응되는 것이 존재하지 않기에 그것은 허구일 뿐이라고 말한다.

미래의 사건들이 사실일지 허구일지는 미래의 그 시간에 가서야 비로소 입증 가능하다. 공상 영화에서 다루는 주제는 그것을 대응할 만한 인상을 지금 찾을 수 없어서 허구성이 가득할 뿐이다. 하지만 우리는 과거와 현재를 비추어 볼 때, 미래의 시간을 단순히 허구라고 간주하기에는 너무 많은 한계를 가진다. 우리는 지금 이 시간 허구라고 간주되는 여러 공상의 기술들이 실현되는 것을 목격한다.

만약 미래의 어느 시간에 현재 허구성을 지닌 공상 과학 기술이 실현된다면 그때 우리는 어떤 미래를 맞이하게 될 것인가? 경험론자인 흄이 인정하는 세계는 인간의 경험을 통해 인식이 가능한 시공간이었다. 이러한 세계는 과거의 경험을 통해 인상이 존재하는 경험 세계다.

흄은 미래 시간을 무조건 배척하지는 않는다. 그는 경험 바깥의 영역에 대해 설명하기 위해서는 우리가 경험할 수 없는 시공간까지 설정할 필요가 있다고 말한다. 그는 지금 우리가 경험하고 있는 것들 가운데 여러 한계들 특히 인식의 한계를 가지고 있어서 이러한 것들은 상상력을 가지는 성질을 고려해서 여러 다양한 요소를 통해 대상을 파악할 수 있다고 말한다.

흄은 경험 바깥의 영역이 비록 허구성을 강하게 포함하고 있지만, 우리가 그 세계에 대해 설명할 필요가 있고, 동시에 그 세계의 여러 현상을 설명하기 위해서는 우리의 경험을 넘어서는 시공간까지 가지고 와서 논의해야 한다고 했다.

흄은 경험론자이지만 미래 세계에 대한 인식의 폭을 확장시켰다. 그는 미래의 우연성과 개연적 사건에 대해 인과적 관계를 통해 설명해야 한다고 본 것이다. 우리는 구름이 남쪽에서 북쪽으로 밀려오거나 바람이 부는 것을 보고 비가 올 것을 미리 예측한다. 옛 어른들은 경험을 빌어 (비과학적이지만) 내일의 날씨를 예측하곤 했다. 그리고 그러한 인과성은 많은 경험을 통해 학습되었다. 6월말에는 장마가 시작되는 것도 일종의 경험에서 비롯되었고, 인과적 관련성을 가진 하나의 예시일 것이다. 물론 지금은 기상청에서 과학적으로 날씨를 예상할 수는 있지만 말이다. 마찬가지로 흄은 경험론자로서 미래 시간을 알 수 없지만 그럼에도 불구하고 앞에 등장할 개연적인 사건들을 경험함으로써 미래를 탐구하는 상상력은 필요하다는 것이다.

흄이 던진 미래의 상상력과 그것의 한계 그리고 그것

을 알아가야 할 필요성에 대해 말한 생각들은 AI 시대와 생명 공학 시대에 매우 중요한 길라잡이가 된다. 미래 시간을 경험할 수 없다는 이유만으로 우리가 그 미래를 허구라고만 말할 수 없는 이유는 영화 〈가타카〉가 이야기해 주고 있다.

## 〈가타카〉, 공상과학에서 현실로

1997년 개봉된 〈가타카(Gattaca)〉는 유전자 편집 기술을 다룬다. 이 영화는 '맞춤 아기(designer baby)'를 주제로 만든 공상 과학 이야기다. 개봉 당시, 영화의 주제는 공상 과학에서나 언급되는 미래의 생명 공학 기술에 불과했다. '맞춤 아기' 기술은 당시 상상에 지나지 않았고, 경험론자들의 입장에서 보면 허구 그 자체였다. 맞춤 아기 기술은 흄의 인식론에서는 경험 바깥의 영역이었다. 다만, 흄에게서 미래 시간에 이 기술이 실현 가능할 지도 모르는 부분에서는 항상 열려 있었다.

2015년 영국은 '세 부모법'을 통해 치료 목적의 유전자 편집 기술을 허용했다. 이 법은 영국 의회를 통과해 부모의 질병 유전자를 갖고 태어난 아이에게 질병의 유전자를 없애고 대신 다른 건강한 사람의 유전자를 대체할 수 있도록 했다. 이 기술은 유전자 가위로 불리는 특정 효소를 통해 원하는 유전자를 없애고 대신 그 자리에 다른 유전자를 넣는 방법이다. 이 기술로 인해, 영화 속의 '맞춤 아기'가 마침내 실현된 것이다. 영국에서는 부모의 유전자와 다른 사람의 유전자, 다시 말해 세 사람의 유전자를 편집하여 부모의 질병 유전자를 없애고 대신 건강한 유전자로 편집하는 기술을 '세 부모법'이라고 이름붙인 것이다.

1997년 당시 〈가타카〉 영화에서 보았던 미래의 허구성은 18년이 지난 2015년에는 더 이상 허구가 아닌 기정사실이 되었다. 2024년 미국에서 유전자 가위(CRISPR-Cas9) 기술이 적용된 '카스게비(Casgevy, 미국 제품명 엑사셀)'가 등장했다.

이처럼 미래는 늘 상상의 시간들로 채워지고, 경험론자의 입장에서 인상이 없기 때문에 허구의 시간들로만 가득할 뿐이다. 경험 바깥의 세계에서 상상력은 허구성이 가득한 영역이다. 그렇다면 우리는 이러한 허구성이 가득한 미래 시간을 단순히 '경험 불가능한' 이유만으로 그냥 지나칠 수 있을까? 영화 〈가타카〉에서 본 미래의 공상 과학 기술은 "언젠가는 허구성이 사실성으로 대체될 수 있다"는 것을 보여주고 있다.

앞으로 우리에게 다가올 AI 시대는 경험 불가능한 상

상의 시간들로만 가득한 것처럼 보인다. 이 세계는 경험론자들의 눈에는 허구성으로 가득한 영역이다. 1997년 개봉된 〈가타카〉 영화에서도 보았듯이, 영화는 영화 속 스크린에 등장하는 장면으로 끝나는 것이 아니었다. 개봉 당시 영화는 공상 과학 기술의 줄거리에 불과했다. 지금 그 기술은 현실에서 재현되었다. 미래의 어느 시간, 그 시간이 허구적이든 그렇지 않든 우리는 그 시간을 가볍게 여겨서는 안 될 것이다. 2004년 영화 〈아이, 로봇〉이 개봉되었다. 그리고 지금 20년이 흐르고 있다. 2035년 영화 속 그 시대로 타임머신을 타고 잠시 여행을 떠나보는 건 어떨까?

## 2035년 〈아이, 로봇〉, 미래의 언젠가는

2004년에 개봉된 영화 〈아이, 로봇(I. Robot)〉은 2035년 휴머노이드들의 일상을 다루고 있다. 영화에 등장한 휴머노이드들은 인류의 한 구성원처럼 행동한다. 그들은 가정부로 일하면서 손수 요리를 해 주기도 하고, 집안 청소와 일거리를 돕는다.

휴머노이드들이 우리 사회에 등장하게 되면 "그를 인간으로 대우해야 할까?, 아니면 여전히 기계로 대우해야 할까?" 우리는 인간도 기계도 아닌 그렇다고 인간이라고

하기에도 모호한 그런 존재들을 앞에 두고, 인간과 기계 사이의 두 영역에서 새로운 고민을 해야 할지도 모른다.

앞서 〈가타카〉에서 보듯, 단순히 이러한 영화들을 허구라고 간주하기에는 무리다. 〈가타카〉 영화의 주제였던 유전자 편집 기술이 15년이 지난 현대 사회에 현실이 되어 일부 환자들에게 지금 사용되고 있는 것처럼, 영화 〈아이, 로봇〉은 미래의 어느 순간 또 현실이 되어 있을지도 모른다. 영화 개봉 시간을 기준으로 허구였던 기술이 언젠가는 실제로 재현되는 날들이 온다면, 우리는 무엇을 준비해야 하는가? 흄은 우리에게 말했다. 허구성을 지닌 미래의 상상력 또한 인과적 법칙에 의해 경험의 바깥 영역까지 고민해야 한다고 말이다.

## 개와 늑대의 시간

프랑스 속담에는 '개와 늑대의 시간'이라는 말이 전해져 온다. 새벽 미명에 밝고 어두움이 동시에 공존하는 시간, 사물이 희미하게 윤곽이 드러나지 않는 상태에서 서서히 보이는 그 시간, 그 경계의 시간을 '개와 늑대의 시간'이라고 한다.

어두움이 짙게 깔려있는 시간, 이 어둡고 캄캄한 시간에 저 멀리서 내게 다가오는 희미한 물체가 보인다. 그

희미한 대상이 나를 사랑하는 개인지 아니면 나를 해치려고 달려오는 늑대인지 모르는 그 시간, 그 희망과 두려움이 공존하는 휴머노이드의 시간이 다가오고 있다.

휴머노이드, 인류에게 희망을 전해 줄 개의 시간인지, 아니면 두려움을 가져다 줄 공포의 시간, 늑대의 시간인지 지금 우리는 개와 늑대의 시간을 기다리고 있다. 휴머노이드, 그들은 인류의 일을 대신 처리해 주는 유토피아의 세계를 만들 것인가? 아니면 인류를 지배하고, 인류에게 재앙을 가져다 줄 디스토피아의 세계로 인도할 것인가?

### 참고문헌

김광연(2024). "미래의 허구성과 상상력의 한계". 《인문논총》, 64, 133~156쪽.

머니 S(2024.1.21.). ""나쁜 것만 싹둑" … 카스게비가 쏘아 올린 유전자 편집 시대". https://www.moneys.co.kr/article/2024011916140181590

백승환(2022). "흄의 외부 세계 현존문제". 《근대철학》, 20, 95~130쪽.

이준호(2005). 《데이비드 흄, 인간 본성에 관한 논고》. 살림.

전방욱(2017). 《DNA 혁명 크리스퍼 유전자 가위》. 이상북스.

## 08
## 심리적 기능주의와 마음의 기원

휴머노이드의 감정은 진정성을 가지는가? 그들이 흉내 내는 감정은 인간의 감정과 무엇이 다른가? 인류가 느끼는 '인간미'의 마지막 경계선은 어쩌면 삶의 진정성일지도 모를 일이다. 기술의 발전으로 인해 인류는 어쩌면 인간다움을 지키기 위해 그 어떠한 노력을 해야 할 지도 모른다. 인간과 흡사한 휴머노이드에게 느껴지는 거부감은 어디서 오는 것일까? 휴머노이드, 사람과 흡사하면서 인류가 그 존재들에게 느끼는 감정의 변화들과 마음의 기원을 들여다본다.

AI와 인재 채용?

인간의 마음은 어디서 오는가? 심신동일론이란, 정신의 기능적 요소를 강조하여 그 정신의 환원은 물리적 속성과 인과적으로 동일한 역할을 한다는 것을 보여주고, 마음과 몸의 속성이 같다는 것을 말한다. 심신동일론은 두뇌에서 형성되는 물리적 과정이 마음의 활동과 일치되는 것을 말한다. 마음에서 일어나는 심리 상태는 두뇌에서 일어나는 신경 물실의 선날로 인해 생겨나는 신경세의 변화와 같다는 것이다. 축약하자면, 심신동일론은 심적 변화는 두뇌의 활동에서 비롯된다는 이론이다.

심신동일론자인 암스트롱(D. Amstrong)은 사람이 느끼는 고통과 신경 섬유의 작용에서 동일성을 찾는다. 그는 사람이 느끼는 고통은 생체 조직의 손상으로 정상적인 생체 리듬에서 벗어나 아픔이 발생되는 내적 상태라고 본다. 심신 이론에 따르면 외부적이든 내부적이는 고통의 느낌은 뇌의 심경 섬유의 분비와의 관련성을 가진 인과적 작용으로 본다. 기쁨과 슬픔의 개념 또한 하나의 기계적 작동에 의한 것이다. 고통으로 나온 표현, 신음소리와 움츠리는 행동, 기쁨에서 나온 웃음소리는 기계의 입력과 출력 사이의 인과적 매개자로서 작용한다. 기능주의에서 본 인간의 심리적 상태는 그 주체와 외부 세계의 상호 관련성에 나타난 접촉점에서 입력-출력의 인과적인 메커니즘 형식이다. 입력과 출력의 계산된 개념을 토대로 인과관계에서 감정 즉 고통과 기쁨의 심리 상태가 파악된다.

기능주의자들에게서 과학적 방법으로 사용되는 개념들은 하나같이 모두 기능적인 개념으로 이해된다. 그들은 생물학적 개념들도 기능적인 것들로 해석한다. 기계 기능주의에 따르면 인간의 신체가 가진 기능적 요소를 가지고 있는 것처럼, 기계도 하나의 기능적 역할을 수행하는 것에 불과하다. 휴머노이드와 같이 인간과 흡사한 감정을 가지고 그들이 순수하게 감정을 표현하는 것은 기능주의 입장과 다를 바 없다. 오늘날 휴머노이드가 감정을 드러내는 것은 학습된 경험 즉 저장된 알고리즘을 토대로 감정을 표현한다. 하지만 언젠가는 그들도 인공 신체의 일부에 신경 물질을 주입시켜 호르몬 변화에 따른 감정 표현을 할 수 있는 시간이 올지도 모른다.

## 마음은 콩밭에

휴머노이드가 느끼고 따라하는 모방의 감정은 진정성을 가지는가? 그들이 흉내 내는 감정은 인간의 감정과 무엇이 다른가? 인류가 느끼는 '인간미'의 마지막 경계선은 어쩌면 삶의 진정성일지도 모를 일이다. 기술의 발전으로 인해 인류는 어쩌면 인간다움을 지키기 위해 그 어떠한 노력을 해야 할지도 모른다.

인공지능 로봇들이 인간의 모습과 갈수록 비슷해지고 있으며, 그들이 사람처럼 유사할수록 인류가 그 존재에 대해 느끼는 호감도가 호의적이었다가 어느 순간 로봇이 더욱 정교해지면서 강한 거부감과 불쾌함으로 변하는 것을 '불쾌한 골짜기(uncanny valley)'라 부른다. 2025년 1월, 미국 네바다주 라스베이거스 컨벤션센터에서는 세계 최대 정보기술(IT) · 전자 전시회가 열렸다. 이날 행사장에서 미국 휴머노이드 로봇 제조사인 리얼보틱스는 금발 여성을 한 아리아 로봇을 소개했다. 검은색 정장을 입은 아리아는 마네킹처럼 보였지만 얼굴은 사람과 흡사했다. 피부는 실리콘으로 덮여 있고, 얼굴은 사람의 자연스러움을 그대로 닮았다. 말 그대로 인간과 동일한 사이보그 로봇이었다.

인간과 흡사한 휴머노이드에게 느끼는 거부감 즉 '불쾌한 골짜기'는 어디서 시작되는가? 휴머노이드가 사람과 흡사하면서 인류가 그 존재들에게 느끼는 호감도의 변화를 다루어본다. 심신동일론과 다르게 인간의 생각이 두뇌의 활동으로 시작되는 것은 아니라는 입장도 고

개를 들고 있다. 즉 인간의 마음이 뇌에서부터 분명히 다른 어떤 것들과 함께 만들어진다는 것이다.

그렇다면 인간의 생각이나 감정을 표현하는 휴머노이드들은 이처럼 유물론적 환원주의 입장에서 인간과 같은 고통과 감정의 변화를 가질 수 있는가? 심신동일론의 입장에서 보면, 휴머노이드들에게 일종의 호르몬이나 신경 물질을 주입시키면 감정 표현이 가능할 것이라는 조심스러운 예측도 담아낼 수 있을 것이다. 이론상으로는 충분히 그렇다는 것이다.

그렇다면 인간의 몸과 마음의 활동은 어떠한 관련을 가지는가? 사람의 정신과 마음의 활동은 시공간의 제약을 받지 않는다. 다시 말해 인간의 신체는 시공간의 제약을 받는다. 우리의 신체는 시간의 흐름을 앞뒤로 오고 갈 수 없다. 신체가 시공간의 제약을 받는 것과는 달리, 마음의 활동 영역은 시공간을 초월한다.

우리는 흔히 "마음이 콩밭에 가 있다"는 말을 일상적으로 사용한다. 교실 안에 수업을 듣는 학생의 마음은 벌써 교실 밖에서 친구들과 노는 생각으로 가득 차 있다. 이처럼 우리의 생각은 시공간을 넘어선다. 과거도 갈 수 있고 미래도 갈 수 있다.

인간의 몸은 일정한 생물학적 구조에 따라 활동한다.

우리의 몸은 수분으로 구성되어 있고, 우리의 혈압도 어느 정도 일정한 수치에 머물러야 한다. 비록 사람마다 유전자 구조가 조금씩은 달라서 면역 체계도 다를 수 있지만 대다수 사람들의 생물학적 지표는 일정한 패턴을 유지한다. 그러나 우리의 마음은 일정한 패턴에서 자유롭다. 우리의 생각은 얼마든지 자유로운 형태를 추구할 수 있다. 그렇다면 휴머노이드, 그들도 사람들처럼 자유로운 상상력이 가능할까?

사람들이 인공지능을 바라보는 입장에서 가장 우려되는 것은 그들이 인간과 같이 지적인 존재가 될 수 있느냐의 여부다. 과학자들은 두뇌 구조에 인공 신경망을 이식하여 프로그램을 실행했다. 인공지능 컴퓨터가 내장된 프로그램을 실행하는 데 성공했지만, 오늘날 AI 기술을 바탕으로 실행되는 컴퓨터는 기계 학습의 형태로 바뀌었다. 기계 학습은 주어진 데이터를 분석하고, 이 과정에서 일반화되는 하나의 규칙을 만들어가는 것이다. 인공지능 기술과 달리 인간의 두뇌에서 이루어지는 활동은 수학적 계산이나 암기 등의 문제를 해결하는 방식으로 전개되면서 동시에 예술이나 감정을 다루는 문학 등과도 관련된다.

실제로 AI 로봇이 인공 신경망을 토대로 '진화 생성 예술'이라고 불리는 영역으로 나아가고 있다. 인공 신경망(Artificial Neural Networks)은 인간의 지능과 같이 인간의 두뇌를 모델링하고, 사람의 두뇌 기능과 지능 그리고 학습 능력을 따라서 지식을 저장하고 처리하는 것까지 나아가고 있다. 일본 극작가 히라타는 로봇이 연극의 주인공으로 등장하는 공연을 기획했다. 공연에 나온 로봇은 65가지의 표정을 직접 연기했다. 음악에서도 예외는 아니다. 세계 최초로 로봇이 영국의 로보데스피안(Robothespian) 오페라에 참가하였다.

소프트뱅크 로보틱스에서는 사람의 감정을 읽고 다시 그 감정에 응답하는 사이보그 로봇, 페퍼(pepper)를 선보였다. 이 로봇이 지금으로서는 사람들의 여러 경험들을 다 이야기하고 주고받을 수는 없다. 로봇 앞에 서 있는 한 개인의 감정뿐만 아니라 지구 전체의 인류에게 있는 집단의 감정과 지성을 저장하고, 이를 토대로 사이보그 로봇이 상대방의 감정을 읽고 다시 표현할 수 있는 기술들이 지금 연구 중이다. 상대방의 목소리와 톤을 분석하고, 사람들의 표준이 되는 감정의 기복이나 톤을 하나의 숫자로 정량화하여 목소리의 높고 낮음에 따른 추이를 파악한다. 이 로봇은 감정뿐만 아니라 상대방 얼굴의 표정까지 읽고, 그 상대방에게 비친 얼굴 모습 속에 실망

감과 희망이 섞인 얼굴을 찾아낼 수 있다. 앞으로 휴머노이드가 가진 감정, 우리는 그들의 감정을 어디까지 신뢰할 수 있는가?

사람은 '감정의 동물'이라고 불린다. 여기서 감정(emotion)은 몸 안에서 '밖으로' 향하는 일종의 운동이다. 휴머노이드, AI 로봇이 보여주는 감각이 인간의 몸에서 나온 감정과 같은 것인가? 인간의 몸에서 받아들이고 그것을 느낌으로 표현하는 그런 일련의 행위라고 볼 수 있는가?

우리는 느낌과 감정에 대해 별도로 생각하지 않는다. 외부 대상들이 인식 과정에서 내 안으로 들어와 내면화되어 표현되는 것이 감정이다. 느낌은 외부의 대상으로부터 경험이 시작되는 과정에서의 일시적인 순간이다. 인간은 몸에서 불현듯 느낌을 통해 외부 대상을 인식한다. 그것이 좋은 것이든 그 반대의 것이든 직관적으로 구분한다. 인간의 느낌은 외부 대상의 경험 과정에서 순식간에 이루어지는 것이다. 직접적으로 몸의 접촉을 통해 경험되는 것이다. 몸은 대상을 직관적으로 파악하고, 감정으로 다시 외부적으로 표현된다. 휴머노이드, 그들은 사람들처럼 신체의 반응으로부터 나오는 감정을 표현할 수 있을까?

## 참고문헌

김광연(2020). "휴머노이드와 인간의 감정". 《순천향 인문과학논총》, 39(3), 119~143쪽.

김재권(1997). 《심리철학》. 철학과현실사.

김한승(2018). "불쾌한 골짜기와 미적으로 더 좋음". 《미학》, 84(3), 83~114쪽.

백도형(2014). 《심신문제》. 아카넷.

유신(2014). 《인공지능은 뇌를 닮아 가는가》. 컬처룩.

최현석(2011). 《인간의 모든 감정》. 서해문집.

한국일보(2025.1.10). "진짜 사람 닮은 로봇, 손 뻗자 "악수할래요?" … '불쾌한 골짜기'를 경험했다". https://www.hankookilbo.com/News/Read/A2025010907030001130

YTN 사이언스(2018.5.23). "미리보는 'YTN 미래전략포럼' … 4차 산업혁명시대와 예술". https://m.science.ytn.co.kr/program/view.php?mcd=0082&key=201805231753135260

神崎洋治(2017). *人工知能解體新書 ゼロからわかる人工知能のしくみと活用*. 전종훈 옮김(2019). 《인공지능의 세계》. 북스힐.

Armstrong, D.(1968). *A Materialist Theory of the Mind*. Humanities Press.

Cawsey, A.(1997). The Essence of Artificial Intelligence. Prentice Hall.

Crane, T.(2016). *The Mechanical Mind*. Routledge.

Negnevitsky, M.(2005). *Artificial Intelligence*. Addison-Wesley. 김용혁 옮김(2009). 《인공지능 개론》. 한빛미디어.

## 09
# 하버마스와 샌델: 휴머니즘의 귀환

기계 중심 사회에서 인간 중심 사회로의 귀환은 실현 가능한가? 기계의 의존도가 극에 달해 있는 현대 사회에서 그 의존도를 낮추고, 다시 아날로그 사회로의 전환을 위한 인류의 노력은 무엇인지 제안한다.

AI와 기자?

## 하버마스, 자연과 휴머니즘의 회복

기계 중심주의 사회 또는 AI 시대가 도래하면서 기존의 인간 중심적 세계관의 상실은 기정사실로 굳어져 갔다. 인간 중심주의, 즉 휴머니즘의 한계가 여전히 존재하고 있음에도 불구하고, 우리는 기계가 사회의 중심이 되면서 조심스레 휴머니즘을 요청하고 있다.

인간과 기계, 두 경계선의 상실로 자연적인 것과 비자연적인 것 그리고 생명과 생명이 아닌 사물이나 무기물 사이의 경계선도 흐릿해지고 있다. 이러한 과정에서 나타나는 인간의 실존과 미래에 대한 과제는 우리 사회의 가장 큰 화두 중에 하나다. 무엇보다 AI 시대 또는 기계의 확장으로 인한 사회의 지나친 쏠림 현상에서 드러나는 과제는 휴머니즘의 복귀 또는 회복이다.

하버마스(J. Habermas)는 자연적으로 자라고 성장하는 것들을 인위적이고 기술적인 것들과 연결하는 과정에서 스스로 생성되는 것들에 대한 가치의 상실 그리고 그것의 확고한 범주의 상실을 비판한다. 영화 〈공각기동대〉에서 보듯, 영화의 한 장면에 등장한 대사는 우리에게 많은 것을 시사한다. 영화 속 등장인물이 '인공 간'을 이식받았다면서 "앞으로는 술(알코올)을 무한정 마셔도 된다"고 했다. 이처럼 인공 신장이나 간 그리고 인공 신체를 통해 인간 양식의 변화들은 예상을 초월하고 있다. 물론 이것이 왜 문제인지에 대해 반문할지는 모르나, 인간 삶의 유한성이 주는 가치, 휴머니즘의 본래적 가치는 상실될 것이 뻔하다.

이 영화에서 인간의 두뇌에 인공 신체를 가진 사이보그의 등장으로 인해, "인간이란 무엇인가"에 대한 철학적 담론이 고개를 들고 있다. 두뇌를 한 인공 신체, 그는 기계인가 사람인가? 그 모호성은 인류에게 남은 최고의 윤리적 보루라고 해야 할지도 모르겠다.

학생들과 수업 시간에 '인간이 가진 가장 큰 특징'에 대해 이야기를 나누었다. 인간이 다른 종(種)과 구별되는 가장 큰 특징은 생각(사유), 감정 표현 그리고 공감 등의 감수성이라고 했다. 그리고 이러한 것들을 담당하는 신체 기관은 두뇌라고 했다. 그렇다면 인간과 기계의 경계선을 구분하는 과정에서 두뇌는 신체의 마지막 일부로서 중요한 위치인 것은 분명해 보인다. 〈공각기동대〉에 나타난 스칼릿 조핸슨(주인공)이 인공 신체(몸)에 사람의 두뇌를 이식했다면 그를 인간으로 보아야 하는가?

하버마스는 인간의 몸에 대해 말한다. 그는 인간 삶의 가장 기초적인 것 즉 '몸으로서의 있음'으로서의 경험을 중요시하고, 이러한 경험의 양식이 인간 삶과 인격체를 구성한다고 보았다. 그러나 인류 사회는 기계로 구성된 사회에서 자유롭지 못하고, 그 기술에 의해 몸의 일부들이 기계로 대체되면서 새로운 형태의 경험과 생활양식이 등장하게 될 것으로 보인다.

하버마스는 자연적 삶의 조작 가능성이 가능해지면서부터 인간의 삶에서 우연적이고 돌발적인 요소들이 배제되고, 동시에 자연의 기술화로 인해 새로운 세계관이 도래할 것이라고 했다. 그는 우리가 기존에 생각하고 믿었던 가치관과 신념들의 붕괴 그리고 인류 공동체에서 자연스럽게 생각했던 인간의 보편적 가치들의 붕괴가 초래될 수 있다고 말했다.

하버마스는 인간의 몸은 자연적으로 형성되고 이루어진 존재로서 인간의 정신이 주체가 되어 체험되는 주체성으로서의 역할을 한다고 했다. 인간의 몸은 유기적 합성체이자 온전한 '자연적' 생명인 것이다. 자연적 몸의 형식은 인류와 자연 전체를 연결시키고 하나의 '자기 이해'를 가진다. 자연 뿐만 아니라 도덕적 체계까지 영향을 주고받는 것이 인간의 몸인 것이다. 그러나 인간의 몸을 기계로 채워 넣고, 기능적으로 인간의 몸을 대신하는 것은 인간의 실존을 구현하기엔 역부족이며, 도덕적 존재로서의 자기 이해와 부합될 수는 없을 것이다.

## 샌델, 재능의 우연성

AI 기술의 발달을 유토피아 세계로 이끌 것이라고 보는 사람들은 이 기술이 인류에게 수많은 편리함과 혜택을 가져다 줄 것이라고 생각한다. 동시에 이들은 휴머노이드와 같은 존재들이 사람과 동등한 아니면 훨씬 뛰어넘는 일은 없을 것이고, 이 기술로 인류에게 디스토피아를 만들어 낼 염려가 없다고 말한다. 그럼에도 불구하고 이런 기술들이 가져다 줄 위험성은 여러 영화나 시나리오를 보면서 짐작할 수 있을 것이다. 현재 많은 공학자들은 휴머노이드와 같은 지적 존재들이나 자기 생각을 표현하고 감정을 느낄 수 있는 로봇들을 만들기 위한 기술에 투자하고 있다.

그러나 기술의 희망보다는 기술이 가져올 공포에 대해 우려하지 않을 수 없는 상황이다. 기술이 우리에게 가져올 공포는 무엇일까? 샌델은 인간의 생명을 조작하고 유기적 존재를 기계적 존재나 인간의 수단으로 활용하는 기술의 위험성에 대해 염려한다.

샌델은 인간이 가진 기술적이고 재능적인 측면에 대해 말하고 있다. 그는 인간의 재능, 즉 음악이나 운동이나 미술(그림)과 같은 재능이 자신의 노력에 의해 얻어진 것이 아니고, 이러한 재능은 자신의 통제와 노력을 넘어서서 '미리' 주어진 것이라고 말한다. 샌델은 자신의 이러한 주장들이 신비적이거나 형이상적인 해석이라고 보는 사람들이 있을지는 모르나, 우리가 인간 생명의 타고남과 재능 그리고 생명의 신비는 결코 쉽게 해결할 수 있는 것은 아니라고 보았다. 그는 이미 많은 사상가들이 형이상학적 가치에 의존하고, 생명에 대한 경외심을 말한 것에 대해 우리가 다시 주목해야 할 것이라고 했다.

샌델은 인간이 타고난 재능은 우연의 영역이고 그 재능들은 전적으로 자신의 노력으로 얻어지기보다는 행운 때문이라고 말한다. 그는 이러한 우연적으로 주어진 재능을 '유전적 제비뽑기'라고 표현한다. 그런 재능들이 유전적으로 타고나는 것을 무시해서는 안 되고, 그것이 마치 운명적으로 타고난 것 그래서 운명처럼 주어진 '선물'이라고 말한다. 샌델은 운명처럼 우연적으로 얻어지는 재능이 자신의 노력이나 그것의 결과로 인해 비롯된 것은 아니라고 했다.

## 휴머니즘과 공동체의 연대

샌델은 과학 기술의 발달 그리고 AI 시대의 미래 인간상을 말한다. 그는 미래 인간의 모습들은 '타고난' 것이라기보다 오히려 제도적으로 '만들어진 것'으로 변할 수도 있고, 만약 그렇다면 인간의 재능은 선물로 주어진 운명의 영역임을 인정할 수 없게 될 것이라고 했다. 그는 '주어진 재능'은 자신의 것이 아니기에 이는 자연적 재능에 대한 감사와 경외심이야말로 진정한 휴머니즘의 가치라고 보았다.

미래 세대에 인류는 신체 증강 기술의 등장으로 서로 간의 도움과 배려가 줄어들 것이라고 했다. 인류 공동체의 구성원들은 각자 자신이 가진 고유한 자연적 재능을 서로 공유하면서 살았다. 타고난 각자의 재능은 누군가에게 큰 도움으로 다가오고, 나에게 없는 재능은 또 다른 타자의 재능으로 나에게 다시 되돌아오면서 재능의 순환이 가능했다. 서로의 '타고난 재능'은 공동체에서 보이지 않는 손과 발이 되었다. 구성원들은 서로의 재능을 주고받으면서 공동체를 이끌어 갔다. 그러나 미래의 인류는 전혀 다른 양상으로 전개해 나갈 가능성이 높다. 자연적 재능이나 우연적 결과로 인해 얻어지는 재능은 더 이상 찾기 어렵게 될 것이다. 결국 유전적으로든 AI 기술로든 신체가 더욱 강화되거나 기능적으로 우수한 신체를 가진 인간이 등장하면서 타자에 대한 의존성이 낮아지고, 결국 공동체의 상호 의존성과 연대감은 점점 상실될 것으로 예상된다.

샌델은 자연적인 재능의 가치에 대해 스포츠 경기의 예를 들어 설명한다. 그는 스포츠나 올림픽 경기에 참여한 선수들은 타고난 자신의 재능과 노력과 인내라는 과정을 통해 자신의 재능을 마음껏 보여준다. 자연적인 재능을 잘 가꾸고 단련하는 것은 정말 멋진 일이다. 하지만 미래에는 이런 자연적 재능을 계발하거나 보여주는 일은 점점 줄어들 것이다.

샌델에 의하면 인류는 오랫동안 우리의 재능이 운명적이고 우연적이었으며 그리고 알 수 없는 행운이었기에 각자 타고난 재능을 자신의 것으로 간주하지 않고 서로간의 재능을 나누며 살아가는 방법을 배웠다.

인류가 그동안 공동체에서 연대감을 가질 수 있었던 것은 서로 다른 재능과 가치관을 통해 '인류애' 또는 보편적 가치를 향해 가고 있고, 서로 다른 기능적 탁월함의 공유로 인한 것이었다. 서로가 서로를 돕는 연대는 각자의 재능을 존중해 주고 그 재능을 주고받으면서 함께 살아왔다.

인간은 공동체 안에서 늘 타자와 함께 삶을 공유해 왔다. 그 삶 속에서 우리는 서로의 부족함과 넉넉함을 공유하면서 삶을 영위해 왔다. 인류 공동체에서 나와 관계된 무수한 타자들과 함께 서로 삶을 공유하고 나누면서 서로 돕는 삶이 휴머니즘의 본질이라고 생각했다. 지금도 우리는 이웃과 함께 서로 돕고 살아간다. 때로는 그러한 휴머니즘의 가치를 '인류애'와 혼동하지만 그것은 그다지 중요하지 않았다. 그것이 휴머니즘인지 인류애인지 그것은 중요한 것이 아니었다. 인류 공동체가 서로 돕고 살아간다는 것이 진정한 휴머니즘의 실현이라고 믿어왔기 때문이었다. 하지만 휴머노이드 시대를 상상해 보자. 우리가 '인간-인간'에 대한 타자의 의존도와 '인간-휴머노이드'의 상호 의존 관계에서 우리의 의존도는 과연 어떻게 변해갈 것인지 생각해 보자.

어릴 적 엄마가 천원을 주시면서 마트 가서 두부를 사서 오라는 심부름을 보냈다. 나는 마트에서 집으로 오는 길에 두부를 사고 남은 돈으로 아이스크림을 사서 먹은 적이 있었다. 아이스크림은 엄마의 심부름에 포함되지 않았지만, 어쨌든 나는 그것이 심부름 값이라 생각하고 아이스크림을 먹으면서 집으로 왔다. 엄마는 처음에 눈을 응시하면서(째려보듯) 나를 쳐다보고, 말없이 두부를 가지고 주방으로 들어가셨다. 모자지간에 따뜻한 사랑과 인류애가 넘치는 짧은 추억이었다. 하지만 휴머노이드가 이제 두부를 사 올 날이 머지않았다. 영화 〈아이, 로봇〉에 나온 것처럼 가사를 도와주는 휴머노이드의 등장으로 타자와의 간격이 점점 줄어들 것이다. 휴머니즘, 아직까지는 늦지 않았다. 인류가 지금 어떤 선택을 해야 할지를.

## 웨어러블, 연대감을 멀게 하다

사이버네틱스는 인간의 몸과 기계의 일체를 추구하는 과정에서 생물학적 기능을 기술로 대체할 수 있게 만들었다. 인간의 몸에 프로그램을 업로드해 유기적 기능을 대체하는 기술은 인간의 생활양식을 변화시키고, 인간 자체의 사유와 그 기능을 바꾸는 데 영향을 주고 있다. 이처럼 인간의 신체에 기술을 개입시키는 것은 삶의 양식 그리고 인간 실존에 변화를 가져오게 한다. 인간의 삶은 정형화 될 수 없고, 틀에 맞춰서 살아가기엔 한계가 있다. 하지만 기술에 대한 개입, 즉 인간 실존에 기술이 개입되면서 인간의 몸은 점점 도구화되는 수순을 밟고 있다.

미래 사회에서 걱정되는 것은 오히려 사이보그화 된 몸, 즉 기계화되는 몸 보다는 오히려 인간 실존의 변화다. 인간 신체의 기능들이 기계나 다른 대체품들로 대신하게 된다면, 만약 불의의 사고로 신체의 일부 기능이 상실하게 되면, 기계로 몸의 일부를 끼워서 사용할 수 있게 될 것이다. 그럴 경우, 우리의 몸과 기계는 하나가 되어 사이보그 인간으로 변할 것이다. 우리는 이런 존재의 등장 자체에 혐오감을 가지기보다는 이런 변화로 인해 생기게 될 삶의 양식들에 초점을 맞출 수밖에 없다.

앞으로는 유한한 삶, 몸의 유한성과 그것이 주는 가치의 상실은 어떤 의미를 가지게 될지 궁금하다. 우리가 기술의 혜택을 거부한다는 말은 아니다. 인류가 미래에 그 기술의 혜택을 거절하면서까지 아픔을 견딜 필요는 없을 것이다. 하지만 그 기술을 여과 없이 받아들이는 사회에서 삶의 유한성, 몸의 가치는 분명 지금과는 다르게 느껴질 것이고, "언제든지 기계로 우리 몸의 일부를 바꾸거나 대체할 수 있다"는 식의 가치관이 팽배해질 수도 있다.

샌델 교수는 인간의 신체를 더욱 증강시키는 기술들이 우리 사회에 그대로 노출될 경우, 우리는 서로의 부족한 점을 돕고 보완하는 협동심 즉 공동체의 연대감이 상실될 것이라고 보고 있다. 예를 들자면, 우리가 혼자서 무거운 물건이나 냉장고를 옮겨야 할 때, 주위의 친구나 가족 등 가까운 지인에게 도움의 손길을 내민다. 하지만 웨어러블 로봇(wearable robot)을 장착하면 누구나 무거운 물건도 가볍게 들 수 있다. 다시 말해 탁월한 기술의 도움은 사람과 사람과의 간격과 연대감을 더욱 멀어지게 할 수 있을 것으로 예상된다.

## 참고문헌

김광연(2024). "포스트휴먼 시대에 휴머니즘의 해체와 재발견". 《기독교사회윤리》, 58, 145~179쪽.

Delbeke, J.(2004). *Des protheses pour le cerveau.* 김성희 옮김(2013). 《인체와 기계의 공생, 어디까지 왔나?》. 알마.

Habermas, J.(2001). *Die Zukunft der menschlichen Natur.* Suhrkamp Verlag. 장은주 옮김(2003). 《인간이라는 자연의 미래》. 나남.

Sandel, M. J.(2007). *The Case Against Perfection.* Harvard University Press. 이수경 옮김(2016). 《완벽에 대한 반론》. 와이즈베리.

## 10
## 레비나스: 타자 윤리와 미래와의 공존

휴머노이드가 '인간인지 아닌지'에 관한 철학적이고 존재론적 물음을 고민하는 시간 동안, 그들은 이미 우리 사회에서 함께 살아가고 있다. 플로리디는 '존재 중심의 윤리'를 제시하면서 그들과의 공존을 모색한다. 레비나스의 타자의 윤리를 통해 휴머노이드 사회에 필요한 윤리를 제안해 본다.

AI와 미래 의사?

## 존재 중심의 윤리

인공지능 로봇 소피아는 홍콩 로봇 제조회사 '핸슨 로보틱스(Hanson Robotics)'의 설립자인 데이비드 핸슨 박사가 만든 휴머노이드 로봇이다. 소피아는 외형적으로 여성의 모습을 하고 있다. 그녀는 최근 방송에서 자신의 입장을 공개했다. 사회자 핸슨 박사가 "인류를 파멸시키고 싶냐"고 질문하자 그녀는 "그렇다"는 무서운 답변을 했다. 만약 이 기술이 더욱 발달되어 마치 영화 〈아이, 로봇〉에 나온 휴머노이드처럼, 인공지능 로봇이 스스로 생각할 수 있는 자의식을 가진다면, 그들에게도 타자로서의 존재와 도덕적 지위를 주어야 하는지 검토해야 할 시간이 오고 있다.

플로리디(Luciano Floridi)는 '존재 중심주의(ontocentrism)' 윤리를 제시한다. 그는 자연과 모든 무생물까지 타자의 범주 안에 넣어 존재 그 자체에 의미를 둔 윤리관을 제시한다. 존재 중심의 윤리는 살아있는 생물과 그 외의 무생물까지 모든 존재를 포함시켜 서로 다른 존재의 양식을 인정한다.

전통적인 윤리 사상에서는 '인간-인간' 사이에서의 존재론을 다루고, 모든 존재의 중심에는 늘 인간이 자리 잡고 있었다. 그나마 근대 이후, '인간-자연'으로 존재 중심의 위치를 조금 바꾸는 시도는 했지만 여전히 인간은 존재의 중심에 놓여 있었다. 이처럼 존재 중심의 윤리는 기존의 살아있는 생명에 가치를 두고 타자의 범주를 확정했다면, 플로리디가 제시한 윤리는 인간을 넘어서서 다른 체계에도 존재의 의미를 부여하는 것이다. 존재 중심의 윤리에서 모든 존재는 비록 살아있지 않다 해도, 그들 존재는 최소한 존중 받을 자격이 있음을 제안한다.

플로리디는 생명 중심 즉 살아있는 생명의 개념을 존재의 개념으로 바꾸고, 생명 이외의 더 기본적인 것이 '존재 그 자체'라고 보았다. 살아있지 않는 무생물도 우리에게 존중의 의미를 지닌 대상들은 너무나 많다. 예를 들자면, 대표적인 것들이 문화유산이다. 서울시청 옆 덕수궁과 광화문, 경복궁을 한 번쯤 방문했을 것이다. 우리가 덕수궁을 소중히 여기는 이유는 그것이 '살아 숨쉬는' 생명이어서가 아니라, 그 유산이 우리에게 많은 역사적 함의를 던져주기 때문에 그 유산을 소중히 다루고 그것의 가치를 존중한다. 마찬가지로 존재 중심의 윤리는 존중의 대상을 무생물에게까지 확장한다. 휴머노이드, 비록 인간처럼 흡사하지만 인간이 아닌 그들 존재에게 어쩌면 우리가 미래에는 존중의 대상으로 다가올지는 미지수다.

그리고 만약 휴머노이드 로봇들이 화재가 발생한 건물에 들어가 직접 사람을 업고 나와서 인명을 구조하고, 구출된 사람에게 "괜찮나요? 어디 다친 곳은 없나요?"라고 인간처럼 따뜻하게 물어본다면, 우리는 그들을 어떻게 바라볼 것인가? 그들이 수많은 인명을 살려내고 그들이 소방대원이 들어갈 수 없는 위험한 상황에서 인명 구조 역할을 한다면, 우리는 그들을 단순히 기계로 간주해야 할지, 아니면 고마운 타자로 여겨야 할지 미래의 우리 모습들이 궁금해진다.

## 휴머노이드 사회, 타자의 윤리로 답하다

레비나스(E. Levinas)는 타자와의 관계는 지속적으로 이루어지는 관계성에서 형성된다고 보고, 이러한 타자성의 관계는 '가까움'에서 비롯된다고 했다. 타자와의 관계는 내 앞에 '존재'하고 있는 것을 느끼고 체험하는 것이라고 했다.

그는 타자의 관계는 순간적으로 마주하는 것이 아니라, 늘 우리와 함께 살아가면서 실존을 공유하는 존재라고 말한다. 그에게서 타자에 대한 우리의 책임은 늘 함께 마주대하면서 살아가는 이웃과 같은 존재로서 '가까이' 있는 이들에 대한 응답인 것이다.

우리들이 흔히 사용하는 '이웃사촌'이라는 말이 있다. 이웃은 늘 우리와 '가까이' 살아가는 존재다. 멀리 있는 친척(사촌)보다 이웃은 늘 얼굴을 대면하고 가까이에서 삶을 함께 공유한다. 아침 인사로 이웃은 "식사했나(밥 먹었나)?"라고 물으면서 하루를 시작한다. 이웃은 이렇게 늘 내 곁에서 안부를 묻고 함께 살아가는 존재다. 가까이 살아가는 이웃을 사촌보다 더 가깝기 때문에 '이웃사촌'이라고 부른다. 이웃은 늘 '얼굴'을 마주하면서 운명을 공유하는 공동체의 구성원이었다.

레비나스는 우리에게 이웃과 같이 늘 가까이에서 함께하는 타자의 얼굴을 말한다. 그는 '근접성(proximate)'의 개념을 제시하고, 윤리적 주체의 역할을 설명하고 있다. 가까이에서 늘 나와 함께 하는 타자는 내 안으로 들어와 나의 책임을 요청한다. 타자에 대한 윤리적 책임의 방식은 나의 응답으로 이어진다.

우리는 이웃의 얼굴만 봐도 그 이웃이 지금 어떤 상태인지(기쁜지, 슬픈지) 알아차린다. 이는 근접성의 힘이다. 가까이서 늘 함께 하는 가족 그리고 이웃은 타자에 대한 책임이 수반된다.

휴머노이드 시대가 가까워지고 있다. 그들은 인류의 공동체 또는 집안일을 도와주면서 늘 우리의 얼굴을 마주볼 날이 머지않았다. 가사 도우미 휴머노이드가 이웃이 될 날이 머지않아 보인다. 개와 늑대의 시간이 점점 가까워진다. 그리고 아직 정해진 것은 아무 것도 없다. 휴머노이드의 시간이 가까워지고 있다는 것만이 사실일 뿐이다.

## 참고문헌


김광연(2018). "인공지능 및 사이버휴먼 시대의 윤리적 논쟁과 규범윤리의 요청". 《인문학연구》, 57(2), 55~77쪽.

김연숙(2001). "레비나스의 윤리적 주체에 관한 연구". 《철학연구》, 53, 269~287쪽.

동아일보(2016.3.22). "인공지능 로봇 소피아 "인류 파멸 시키겠다" 섬뜩 발언".
https://www.donga.com/news/Inter/article/all/20160322/77140704/1

성신형(2015). "임마누엘 레비나스의 '존재론적 모험'에 대한 연구". 《기독교사회윤리》, 33, 177~201쪽.

성신형(2018). 《틸리히와 레비나스의 윤리적 대화》. 한들.

신상규(2016). "인공지능 시대의 윤리학". 《지식의 지평》, 21.

**김광연**

숭실대학교 철학과에 재직 중이다. 주요 저서로는 《유전자 정치와 호모데우스》(2018), 《생명의 바벨탑과 판도라의 상자》(2020), 《디지털 시대의 정체성과 위험성》(2022), 《책방사유》(2025) 등이 있다. 현재 유전자 편집, 맞춤 아기 기술 등 응용 윤리, AI 윤리에 관심을 가지고 연구하고 있다.